Die Herausgeber präsentieren Materialien zu einem Abschnitt der Biographie Arno Schmidts, der lange im Dunkeln lag. Görlitz, Lauban, Greiffenberg – das sind die Stationen von Oberrealschule, Lehre und Handelsschule sowie die Berufserfahrung als Graphischer Lagerbuchhalter bei den Greiff-Werken.
Schmidt selbst und frühe Bekannte und Freunde, Kollegen und Weggefährten erinnern sich an die Jahre 1928 bis 1945. Die Reise nach London 1938 wird in einem ausführlichen Brief von Alice Schmidt minutiös geschildert, und zum ersten Mal gewähren Fotografien und Dokumente Eindrücke von Schmidts Kriegsdienst und Gefangenschaft.
Arno Schmidt erscheint in neuem Licht. In Oberschlesien, einer Landschaft, die er nicht geliebt hat, in einem Beruf, der seinen Neigungen wenig entsprach, unter Menschen, zu denen er Distanz suchte, formen sich Geist und Physiognomie eines Einzelgängers. Nur zwei Menschen gegenüber öffnet sich der junge Arno Schmidt: dem Schulfreund Heinz Jerofsky und Alice Murawski, die er 1937 heiratet: »Eine ganz ideale vertikale Liebe!«
Schmidts Briefe an Jerofsky dokumentieren die frühe Lust an Sprachspielen und expressiver Poesie. Dem gebürtigen Hamburger ist das schlesische Idiom fremd und nicht ohne Komik, wie die »Wu Hi«-Anekdote belegt. In den Mitteilungen an den Freund, die hier zum ersten Mal versammelt sind, entwirft Arno Schmidt jene Schreibweise, die ihn später unverkennbar machen wird.
Das Buch liefert Bausteine für eine Biographie Arno Schmidts. Die Subjektivität des Materials macht die Lektüre ebenso spannend wie amüsant. Die Fotos und Dokumente sind für jeden Schmidt-Leser eine unverzichtbare Bereicherung.

Arno Schmidt, geboren am 18. Januar 1914, starb am 3. Juni 1979 in Celle. Vor dem Krieg war Arno Schmidt »Graphischer Lagerbuchhalter« in Greiffenberg/Schlesien. Nach Kriegsdienst und Gefangenschaft arbeitete er seit 1947 als Übersetzer und Schriftsteller. Seit 1949 erschienen zahlreiche Erzählungen, literarhistorische Radio-Essays und eine umfangreiche Fouqué-Biographie (1958).
Arno Schmidt erhielt den Goethe-Preis der Stadt Frankfurt am Main.
Im Fischer Taschenbuch Verlag sind von Arno Schmidt erschienen: Alexander oder Was ist die Wahrheit (Bd. 9111), Aus dem Leben eines Fauns (Bd. 9112), Aus julianischen Tagen (Bd. 9114), Brand's Haide (Bd. 9113), Die Gelehrtenrepublik (Bd. 9126), KAFF auch Mare Crisium (Bd. 9117), Leviathan und Schwarze Spiegel (Bd. 9110), Nachrichten aus dem Leben eines Lords (Bd. 9116), Orpheus (Bd. 9120), Schwänze (Bd. 9115), Sommermeteor (Bd. 9121) sowie Das steinerne Herz (Bd. 9122).

»Wu Hi?« Arno Schmidt in Görlitz Lauban Greiffenberg

Herausgegeben von
Jan Philipp Reemtsma
und Bernd Rauschenbach

Fischer Taschenbuch Verlag

Veröffentlicht im Fischer Taschenbuch Verlag GmbH,
Frankfurt am Main, Januar 1995

Lizenzausgabe mit Genehmigung
der Arno Schmidt Stiftung, Bargfeld
Abbildungen: Archiv der Arno Schmidt Stiftung, Bargfeld
Druck und Bindung: Clausen & Bosse, Leck
Printed in Germany
ISBN 3-596-12453-0

Gedruckt auf chlor- und säurefreiem Papier

Inhalt

Vorbemerkung 7

Zwei autobiographische Entwürfe 9
Von Arno Schmidt

Erinnerungen an Arno Schmidt 29
Von Heinz Jerofsky

Briefe an Heinz Jerofsky 53
Von Arno Schmidt

Brief an Rosa Junge 91
Von Alice Schmidt

». . . jene dunklen Greiffenberger Jahre« 131
Von Johannes Schmidt

Erinnerungen an Arno und Alice Schmidt 161
Von Ernst und Friedel Niehaus

Urkundlich belegt? 171
Von Jan Philipp Reemtsma
und Bernd Rauschenbach

Aus einem Brief an Rosa Scholz, geb. Junge 185
Von Alice Schmidt

Kriegsdaten 193
Von Arno Schmidt und Max Ames

Schritte in der Nachtstille 219
Von Arno Schmidt

Anhang

Eine Bitte um Nachsicht zum Beschluß 235
Von Jan Philipp Reemtsma

Anmerkungen zu den Texten 239

Register 243

VORBEMERKUNG

Dieses Buch stellt Arno Schmidt in den Jahren 1928 bis 1945 vor. Nicht in Form einer lückenlosen Abschilderung jener Zeit, sondern indem es »Materialien für eine Biografie« bietet. Materialien unterschiedlichster Art: Dokumente, Photographien und Zeichnungen aus dem Bargfelder Archiv, Texte, Briefe und Notizen von Arno und Alice Schmidt sowie Erinnerungen von Freunden und Bekannten beider.

Die für die literarische Biographie Arno Schmidts wichtigsten Dokumente sind die Briefe an Heinz Jerofsky sowie seine von diesem erinnerten und aufgezeichneten Gedichte.

Heinz Jerofsky verfaßte seine Erinnerungen an Arno Schmidt selbst; die Erinnerungen Johannes Schmidts, Ernst und Friedel Niehaus' und Max Ames' sind in zusammengefaßten Gesprächsprotokollen der Herausgeber wiedergegeben.

Der Leser wird feststellen, daß die Erinnerungen einander zuweilen widersprechen oder im Widerspruch zu anderen Materialien des Buches stehen. Die Herausgeber haben darauf verzichtet, hier mit Querverweisen oder interpretierenden Kommentaren einzugreifen und so die Lektüre zu steuern. Eine notwendige Ausnahme von dieser Regel wurde in dem Abschnitt »Urkundlich belegt?« gemacht.

Ohne die Hilfe und Mitarbeit von Heinz Jerofsky und Johannes Schmidt wäre dieses Buch nicht entstanden; ihnen, wie auch allen Anderen, die durch ihre Erinnerungen und Hinweise Anteil am Entstehen des Bandes hatten, sei an dieser Stelle gedankt.

Die Herausgeber

Zwei autobiographische Entwürfe

VON ARNO SCHMIDT

GERÜST ZU EINER BIOGRAPHIE

A.) *Hamburg.* (18.1.1914–November 28)
  a) Vor der Schulzeit. Eltern, Schwester, Verwandte etc.
  b) Volksschule (Ostern 20–Ostern 24)
  c) Realschule Brekelbaumspark (Ostern 24–Nov. 28)
  d) Tod d. Vaters (8.9.28 †) und Übersiedlung nach Schlesien.

B.) *Lauban*
  a) Oberrealschule Görlitz (Anf Dez. 28–März 33)
  b) Höhere Handelsschule Görlitz (März–Sept. 33)
  c) Arbeitslos (Sept. 33–24. Jan. 34)
  d) Greiff-Werke (24.1.34–9.4.40) – Soldat (Mai–Juli 37)
  e) Heirat (21.8.37) und erstes halbes Jahr in L. bis zum Verkauf d. Hauses.

C.) *Greiffenberg*
  a) Wohnung theoretisch dort bis 14.2.45; aber eigentlich nur März 38–August 40; (Sept 38 Soldat, 8 Tage)
  b) Reisen nach England & Weimar; Dresden
  c) 1. Einziehung (26.8.39 u. Entlassung)

D.) *Der Krieg.*
  a) Hirschberg (9.4.40–Januar 41)
  b) Hagenau (Januar–Oktober 41)
  c) Lauban (Oktober 41–März 42)
  d) Norwegen (März 42–14.1.45)
  e) Ratzeburg; Letzter Urlaub; Flucht; (bis 22.2.45)

f) Ratzeburg; letzter Einsatz (24.2. – 14.4.45)
g) Kriegsgefangenschaft über Bentheim, Weeze, nach Brüssel (20.4. – 20.8.45); Luthe (20.8. – Okt. 45); Munster (Okt. – 29.12.45); Alice kommt 4.11. an.

E.) *Cordingen*
a) Dolmetscher an Hilfspolizeischule (29.12.45 – 1.12.46)
b) freier Schriftsteller (1.12.46 – 31.XI.50), Umsiedlung.

F.) *Gau Bickelheim* (1.12..50 – 30.XI.51)

G.) *Kastel* (1.XII.51 –

MATERIALIEN
FÜR EINE BIOGRAFIE.

Vorwort.

Die folgenden Notizen, (die sich bisweilen zu Momentaufnahmen sehr heller Erinnerungsbilder aufblähen werden – zu ‹Betrachtungen› hoffentlich seltener), verfolgen einen doppelten Zweck.

1.) Bin ich ein deutscher Schriftsteller vom zweiten Range (worin keine übermäßige Bescheidenheit liegen soll : wir haben keinen Mann ersten Ranges zur Zeit ! ; besser zu werden, haben mich ungünstige Umstände verhindert; man vergesse nie, daß mein erstes Buch erschien, als ich 35 Jahre alt war – also um 15 Jahre zu spät.), und man wird ‹über mich arbeiten›, worunter zwangsläufig auch Biografisches sein wird. Ich habe, infolge meines Fouqué, einige Erfahrung in speziell diesem Zweig literarischer Betätigung; ich kenne die unsägliche (und zuweilen dann doch ergebnislose) Schufterei (im Sinne von ‹roboten›) die Namen & Daten verursachen können; und weiß wohl noch, wie dankbar ich selbst für die, doch ziemlich verschwommene, Selbstbiogr. F.'s gewesen bin; ich werde also möglichst viel Namen & Fakten bringen, die dann evtl. weiter führen können.

2.) Ist meine Absicht, meiner Frau – oder sonst ‹dem Erben› – ein weiteres Stück zu hinterlassen, mit dem Geld verdient werden kann; (dieser Punkt ist übrigens wichtiger, als der erste.)

* * *

Die äußere Anlage ist, wie bei einem 1.entwurf selbstverständlich, locker gehalten.

Ich mache einzelne große, mit römischen Zahlen bezeichnete Abschnitte; innerhalb derselben wird mit arabischen Zahlen, jeweils von 1 beginnend, paginiert; so kann ich je nach Lust, oder auch wie die Erinnerungen anfallen, an beliebiger Stelle weiter arbeiten. Da ich in entscheidendem Maße vom O r t abhängig bin, werden diese Groß=Abschnitte als Titel fast immer den Namen meines jeweiligen Aufenthaltsortes tragen; es sind bis jetzt :

- I.) ELTERN & ELTERNHAUS; Vorfahren bis 1914
- II.) HAMBURG; Jan 14 bis Okt 28
- III.) LAUBAN=GÖRLITZ; Nov 28 bis Jan 34
- IV.) LAUBAN=GREIFFENBERG; Jan 34 bis Apr 40
- V.) KRIEG; Apr 40 bis Dez 45
- VI.) CORDINGEN; Jan 46 bis Nov 50
- VII.) GAUBICKELHEIM; Dez. 50 bis Nov 51 – kleines Zwischenspiel
- VIII.) KASTEL; Dez 51 bis Sept 55
- IX.) DARMSTADT; okt 55 bis Nov 58
- X.) BARGFELD; Dez 58 bis ? . . . . .

* * *

Zum Ton des Ganzen : ich werde vermutlich meist sehr nüchtern wirken; nicht weil ich es vorsätzlich sein will; sondern weil ich nur so über dergleichen Dinge schreiben kann; und vor allem auch mit zunehmendem Alter immer mehr einsehen lerne, daß Sachlichkeit und redlich dargebotenes Material meist interessanter sind, als künstlerische Verrenkungen, (ich betone das ‹meist›.) Ich glaube, ich bin ziemlich frei von beiden der hier zuständigen Eitelkeiten : sowohl von exhibitionistischer Originalitätssucht; als auch von der, nicht minder peinlichen, zwecks Selbstverherrlichung kokette Lücken herzustellen. Wenn ich der Ansicht bin, daß etwas den Leser nichts angeht, (bzw. *noch* nichts angeht), dann werde ich das sagen.

Als Muster, oder auch als Anti=Muster, von SelbstBio's habe ich mir vor Augen gehalten :

Stanislaus Joyce : Meines Bruders Hüter.

Kügelgen : Jugenderinnerungen (obwohl ins ‹Liebenswürdige› verzerrt, ist doch die Kleinbildtechnik beachtlich.)

Moritz : Anton Reiser.

Karl May : Leben & Streben plus ‹Akte Emma Pollmer›.

Von ‹künstlichen› Bios war mir am merkwürdigsten Immer CARLYLE's ‹Cromwell›. Haym's HERDER; Lockhart's SCOTT; Ellmann's JOYCE; nuja. Die großen Briefsammlungen gaben meist Fingerzeige dessen, was zu vermeiden – bei so viel blühendem Geist lobe ich mir heimlich stets LESSING's prachtvolle ‹Dürre›.

⋆ ⋆ ⋆

Die meisten Hilfsmittel, die ich benötigte, habe ich noch nicht bei der Hand. Ich rechne hierhin Adreßbücher der Orte aus den Jahren, wo ich in ihnen wohnte; Stadtpläne großen Formats; die Jahrgänge der Zeitungen.

Vieles könnte durch Angaben von ‹Bekannten & Verwandten› komplettiert, oder auch richtiger gestellt werden; ich gebe nachstehend die wichtigsten Namen für die einzelnen Abschnitte an :

1.) Meine Mutter lebt noch; (ihre sämtlichen Geschwister sind bereits tot; aber deren Kinder könnten noch Zusätzliches wissen).

II.) Meine Schwester Lucie Hildegard in New=York. / Evtl. alte Schulkameraden, falls noch am Leben ?
III.) Heinz Jerofsky; z.Zt. Direktor unserer Schule in Görlitz. / (evtl. andere Mit=Schüler ?)
IV.) Johannes Schmidt, z.Zt. München. (Evtl. noch andere Greiff=Mitarbeiter). / Ab hier setzt bereits meine Frau ein.
V.) Ernst Blome, früher in Gohfeld b. Bad Oeynhausen. / Erich Kendzia (wo ?)
VI.–VIII.) Unsere Hauswirte, (die uns freilich recht verständnislose Zeugnisse ausstellen würden.) / Dr. Nissen, Mainz=Gonsenheim
IX.) Schlotter's (Eberhard, Gotthelf & Frauen). / Dr. Wilhelm Michels, Schönberg.
X.) Schlotter's sen. / Die Nachbarn. –

Was bisher über mich im Druck erschienen ist, kann nicht ernst genommen werden; zumal die Veröffentlichung im SPIEGEL vom Mai (?) 1959, die ich zwar nicht gelesen habe (dies auch nicht zu tun gedenke), deren hauptsächl. Wert jedoch in der Widergabe einiger alter Fotos bestehen soll, wie mir meine Frau sagt; das meiste übrige seien Tartarennachrichten. Das Solideste dürfte bis jetzt die letzte Seite im TB FOUQUÉ sein.

Vorfahren,
Eltern,
Elternhäuser.

» Ich habe mich gemeiniglich als auf gleichem Fuß mit den ältesten Edelleuten Europas angesehen, da wenige Familien rascher und direkter in den Nebel der Zeiten hinaufgeführt werden können, als die, deren Mitglied ich bin. « (J.F. Cooper; Die Monikins, 1. Kap.)

1. *Bezugslandschaft.*

25 Jahre lang hatte ich Grund zu einem absonderlichen Ärger : ich war zwar in Hamburg geboren; aber von stockschlesischen Eltern, denen das norddeutsche Wesen ein Greuel und Platt eine Barbarensprache däuchte, und die dafür gern von ‹schlesischen Bergen› faselten (ich erkläre diese, nur scheinbar harten, Ausdrücke noch); und mir war schon als Kind nichts lieber, als weite Ebenen, mit Haide bedeckt, Moor eingemischt, darin Kiefernwaldungen auf Sandboden; kurzum karge, menschenleere Öde.

Hier schien mir ein ‹Bruch› in meinem Wesen; und zwar einer von der Sorte, die ich gar nicht schätze ! Denn wenn ich, ich mochte wollen oder nicht, ‹Schlesier› war, vom Oh=Thäler=weit=oh=Höhen=Typ; dann war meine instinktive übermächtige Neigung zu Flachland, Erica & Ledum Palustre ‹falsch›; dann war mir weiterhin (z.B. als Schriftsteller) die letzte entscheidende Identifizierung mit dieser=meiner Landschaft versagt. (Andere Dilemmen ertrug ich viel leichter, weil ich meiner Sache sicher war – etwa von meinem in Schule und Spiel geübtem Plattdeutsch wußte ich, daß es ‹stimmte›, verglichen mit dem, mir widerlichen, schlesischen Gemauschele, mit seinen Spielzeugdiminutiven, dem schaumig=weichlichen Gezischle kombiniert mit kindlich=werwölfigem Aberge- gläuble; in diesem Fall hatten meine Eltern, in ihrer sinnlosen Versteifung gegen den prachtvollen Stadtstaat, so offenkundig Unrecht, daß jedes Wort der ‹Wider- legung› verschwendete Atemluft bedeutet hätte.)

Und meine Eltern besaßen in hohem Grade die ‹Schlesische Kunst› des treuherzig=sentimentalen Fabulie- rens; zumal meine Mutter ist zeitlebens von abstoßendster ‹Unechtheit› gewesen, ich habe eigentlich keinen Men- schen kennen gelernt, der in gleichem Maß mit kleinen Verlogenheiten und verblasenen Gefühlchen hausieren gegangen wäre; (mein Vater war weit realistischer; obschon leider nur auf den niedrigsten Gebieten des Alltags.) So also war ich umstellt mit geradezu alpinen Bildern : ‹Riesengebirge› hieß es da ! Bei Lauban, dem Geburtsort meiner Mutter, sollte es einen ‹Steinberg› geben; und oft bin ich [in] Kinderträumen an einem schwärzlichen himmelhohen Felswürfel, um den außen herum dünnste, leicht=geländerte Blechtreppen hoch- führten, ächzend emporgeklettert ! Meines Vaters schön- ster Wunschtraum war angeblich ‹a eignes Häusel in'n Bergn› – ‹Reifträger=Schneekoppe=Hohes Rad› – ich war jedenfalls widerlegt; und kam mir allmählich wie ein Schaf vor.

Bis ich dann persönlich nach Schlesien kam – ich glaube, etwa 5 Mal von Hamburg aus; in den ‹Großen Ferien› von 1920, 22, 24, 26, 28 ? – und jenes ‹Riesenge- birge› sah : es handelte sich um eine völlig unimpressiv= liebliche Mittelgebirgslandschaft, die ich mir den Jun- genspaß machte, in der Hälfte der Zeit zu ersteigen, die meine Mutter & Schwester, weit hinten, brauchten. Der ‹Steinberg›? : ein nichtswürdiger klein=beleibter Hügel; Lieblingstreffpunkt von ‹Pärchen› und von jedem Alten am Stock mühelos innerhalb von 10 Minuten zu erreichen ! – Erleichterung überkam mich.

Und noch mehr, als ich erkannte, daß meine Eltern überhaupt gelogen hatten : sie stammten gar nicht einmal aus diesen buckligen Gegenden ! Mütterlicherseits kam ich aus Tschirne (18 km südl. v. Sagan; uralter slawischer Name übrigens; von ‹Czerny›, schwarz : ‹Schwarzwasser› und ‹Weißwasser› heißen ja überall gern 2 Bäche); die Familie meines Vaters saß seit langem in Halbau (10 km südw. v. Sagan). Mit anderen Worten : von ‹schlesischen Bergen› war bei uns keine Rede; wir stammten vielmehr aus den sogenannten ‹Lausitzen›, (und da wird Einem ja gleich wohler, wenn man so entfernt zu LESSING gehört und SCHEFER). Und das Land dort war flach ! Flach wie nur je zwischen Harburg und Celle, zwischen Wittingen und Verden. (Es dauerte natürlich Jahre, ehe ich ‹dahinterkam›; an Ort & Stelle selbst hatte ich viel zu viel mit dem Verarbeiten der Reiseeindrücke zu tun.)

Als ich dann 25 war, fiel mir endlich – als das I=Tüpfelchen, das mir noch abging, – der ältliche Band eines Meyer=Lexikons in die nachschlagenden Hände (6. Aufl., Bd. 23, 1912); da war, gegenüber Seite 392, eine ‹Übersichtskarte der Norddeutschen Heidegebiete›; und dort, weit abgetrennt von dem gelbbraunen Haupt=Heiden=Zuge von der Zuidersee bis Hela, erblickte ich tief im Binnenland eine große isolierte Haide=Insel, *die Niederlausitz* – und in ihr lagen sie alle, die Orte Tschirne und Halbau und Weißwasser !

: Da war ich beruhigt.

VORFAHREN.

.–.–.–.–.–.–.–.–.–

A.) mütterlicherseits.

Meine Mutter hieß Clara Gertrud Ehrentraut, * 30.7.1894 in Lauban in Schlesien.

Ihre Eltern waren Joh. Gottlieb Ehrentraut, geb. 8.10.1845 (8.12.??) in Küpper (Kreis Lauban; rund 20 km SSW davon; nur 2 km von der tschechischen Grenze, auf Friedland zu), gestorben 17.1.1910 in Lauban am Magenkrebs; und Ernestine, geb. Hanisch, geb. 2.9.1859 in dem schon erwähnten Tschirne, gestorben 16.4.1936 in Lauban nach mindestens 1=jähriger Bettlägerigkeit an Wassersucht.

Diesen Großvater habe ich nicht gekannt, (wie überhaupt von meinen 4 Großeltern nur diese eben erwähnte Großmutter=mütterlicherseits). Was ich von ihm weiß entstammt den (ganz wenigen) erhaltenen ‹Dokumenten›, sowie gelegentlichen Erzählungen meiner Mutter.

Er war seines Zeichens Gerbergeselle, (seine Eltern : Vater Gottfried Eh., * Küpper 1811, † Schwerta 1871 / Mutter Christine X., * 1817, † Schwerta 1866) / die Heirat soll 1841 erfolgt, und der Ehe 4 (?) Kinder entsprossen sein); soll überdem von hoher Gestalt, und – auch hierin echter Handwerksbursche – jeden Freitag=Lohntag betrunken gewesen sein. Das einzige Bild, das von ihm existierte (vielleicht besitzt meine Mutter es noch), zeigt einen ‹stattlichen›, ziemlich finster dreinblickenden Mann, mit ziemlich kahlem Kopf, dafür jedoch einem massiven, kurz=rund gestutzten dunklen Vollbart, (neben ihm, wenn ich mich recht erinnere, 2 Co=Gesellen). Er war, preußisch=unvermeidlich Soldat, und hat an sämtlichen, zu ‹seiner Zeit› veranstalteten 3 Kriegen teilgenommen : 64, 66 und 70=71 – vor mir liegt die, sinnig mit

Germanien, Adlern, Kanonenrohren und Fahnen beguirlandete Urkunde, des Inhalts, daß dem »Musketier der 6. Comp., 4. Thüring. I.R., Nr. 72, Joh. Gottl. Eh., in Anerkennung seiner pflichtgetreuen Theilnahme an dem Feldzuge des Jahres 1866, insbesondere an der Schlacht bei Königgrätz« von dem unterzeichneten Reg.=Kdr., einem Grafen Gneisenau, das »Erinnerungskreuz für Combattanten«, »aus erbeuteter Kanonen=Bronze« verpaßt wurde; (ich erinnere mich, daß meine Mutter, zumindest in Hamburg noch, ein apartes Perlmutter=Döschen zuweilen vorzeigte, in dem sich diverse solcher Medaillen befanden.)

Er hatte, in einer früheren, ersten Ehe (1874) eine mir sonst nicht weiter bekannte Ernestine X. geheiratet (* 1848), die jedoch 1892 starb. Bald danach, am 11.9.1893 hat er dann meine Großmutter geheiratet, die ihm 3 Kinder aus einer ersten Ehe mit einem Volksschullehrer, Gustav Scholz (* 1857; † 22.2.1893 in Lauban), zubrachte; nämlich

1.) *Gustav,* * Tschirne 14.3.1880; † Juni 1939 als Bergewergsdirektor in Völpke bei Magdeburg; (ich habe ihn 1 Mal in Lauban, beim Tode meiner Großmutter – also seiner Mutter – gesehen.) Er war kinderlos verheiratet.

2.) *Hedwig,* * Lauban 19.7.1883; † 22.12.1923 Liegnitz. (Heiratet 1901 Paul Knobloch, * Febr. 1875 in Öls, † ? ; Zuletzt Regierungsamtmann in Liegnitz. / 3 Kinder : Rudolf, * Lauban 1.7.1902; Elli, * Lauban 6.5.1907, (heiratete 25 einen Reichswehr=Unteroffz.; und hatte mindestens 1 Sohn, Achim, * etwa 26, mit ihm); Heinz, * 14.8.1911, Liegnitz. – Ich komme auf diese 3 noch zu sprechen.)

3.) *Emma,* * 25.10.1886 in Lauban, † 1943 in Berlin. (Heiratete im Okt. 1906 den Musiker Ernst Hagen, * 2.11.1885 in Berlin, † 1939 daselbst; sie hatten 1 Tochter, Ruth, * 20.4.1909 in Lauban, die 1936 nach Nordhausen am Harz geheiratet, und dort 2 Kinder in Kurs gesetzt haben soll.)

Diese, die Nummern 1 bis 3 brachte meine Großmutter in ihre Ehe mit; das einzige Kind aus ihrer Ehe mit dem Gerber Ehrentraut war meine Mutter.

Von meinen Tschirner Urgroßeltern weiß ich nur die allerdürftigsten Daten; es sind Heinrich Hanisch (* 1820; † Tschirne 1867) und Henriette X. (* 1826; † Tschirne 1901. – Diese Letztere als alte, ganz krumm gewordene Frau gesehen zu haben, kann sich meine Mutter noch erinnern; sie war derart kontrakt, daß sich ihr Enkelkind, als sie es sich besehen wollte, lang auf den Fußboden hinlegen mußte). Dieser Urgroßvater soll ein kleiner Kätner gewesen sein, der zusätzlich, um leben zu können, ‹auf Arbeit gehen› (Waldarbeit) mußte; außerdem gab es 1 Webstuhl im Hause. Die Geschwister meiner Großmutter waren August (* Tschirne 1851; † daselbst 1921); Fritz, (* Tsch. 1854; † 1931 Berlin, als Dachdeckermeister); und Anna, (* Tsch. 1861; † Görlitz 1905. – Diese war eine verehelichte ‹Reichelt›, und hatte 3 Söhne, von denen 2 im 1.Weltkrieg gefallen sein sollen). / Ich habe hiervon persönlich nur den Ältesten, August, einmal gesehen; zunächst die Daten, die ich von ihm & den Seinen besitze : er heiratete ungefähr 1880 eine Ernestine X. (1857–1933), und hatte mit ihr 4 Kinder, alles Söhne; nämlich Wilhelm (1881–1919 (gefallen), heiratete Hedwig X.; 3 Kinder); dann Bruno (* 1884; † ?; heiratet Ida X., * 1885; 2 Kinder, 1 Sohn, und 1 Tochter – Erika (?), geb. 1926; die hat Alice einmal, im Kriege, wohl 1944, gesehen; ich komme noch darauf); außerdem Richard, (* 1888, kinderlos verheiratet) und endlich einen 1897 * Fritz.

Kurz also jener ‹August› und die von ihm ausgehende Linie : ihn & seine Frau Ernestine habe ich als schmutzige, gesichtslose Bauersleute in Erinnerung – allerdings nur von 1 ganz kurzen Besuch; es wird 1920, und ich also nur 6 Jahre alt gewesen sein. Sie schienen mir von stinkendem Geiz; denn ich sehe noch die niedrige düstere Bauernstube, den Alten, der sich bei irgendeiner Feldarbeit beschädigt hatte, geknickt am Ofen hocken, und meine Mutter, vereint mit seiner Schwiegertochter Ida, beschwören seine wurzelfarbene verdorrte Ernestine, ihm doch 1 Ei braten zu dürfen ! Der Kampf muß ziemlich lange gedauert und mit dem Sieg der Gattin geendet haben – sie gab ihm nichts; (unsere Empörung war groß). Auch entsinne ich mich noch der Szene, wie mein Vater, weltmännisch=gewandt, von seiner ‹Soldatenzeit› und ‹China› mit dem Alten plauderte; Jener lauschte immer hingerissener, und schrie endlich entzückt auf : »Nimmst's aa ?!«. Selbst mein doch wahrlich Fernfahrerhaft=geistesgegenwärtiger Papa war 1 Herzschlag lang verblüfft; bis er dann erkannte, daß Jener ihm das ‹Bruder=Du› mit solcher Wendung offeriert habe, und er es herablassend annahm, (und dann wurde weiter brav aufgeschnitten).

Ansonsten ist mir von jenem Wiesengrund eben nur noch ein Urstromtälchen=allgemein erinnerlich; von schwarzen Tannen ernst gesäumt; eine Planke liegt überm Bach; einmal müht sich meine Mutter lachend, eine hochbeladene Karre der Alten abzunehmen, und muß lachend aufgeben. Und dann ist da noch irgend ein Junge, der mich – meinen überflüssig vornehmen Vornamen völlig verkennend – hartnäckig mit ‹Amos› anredet. Ich war sowohl zu schüchtern, als auch zu wenig interessiert, ihn zu berichtigen; so vergeudete ich also keine Energie weiter, und passierte geduldig als einer [der] kleinen, bzw. ‹Hinteren› Profeten. Jener, mit meinem Vater etwa gleichaltrige Bruno, der dann die kleine Landwirtschaft übernahm (und sie, meiner Frau zufolge, zu einer blitzsauberen kleinen Musterwirtschaft ausgebaut haben soll !), war insofern interessant, als er, wenn ich mich recht erinnere, sehr spät aus sibirischer Kriegsgefangenschaft zurückgekehrt ist. –

Zurück zu meinen Großeltern. –

Walkgasse 12 in Lauban,
Wohnhaus Arno Schmidts
von 1928 bis 1938.

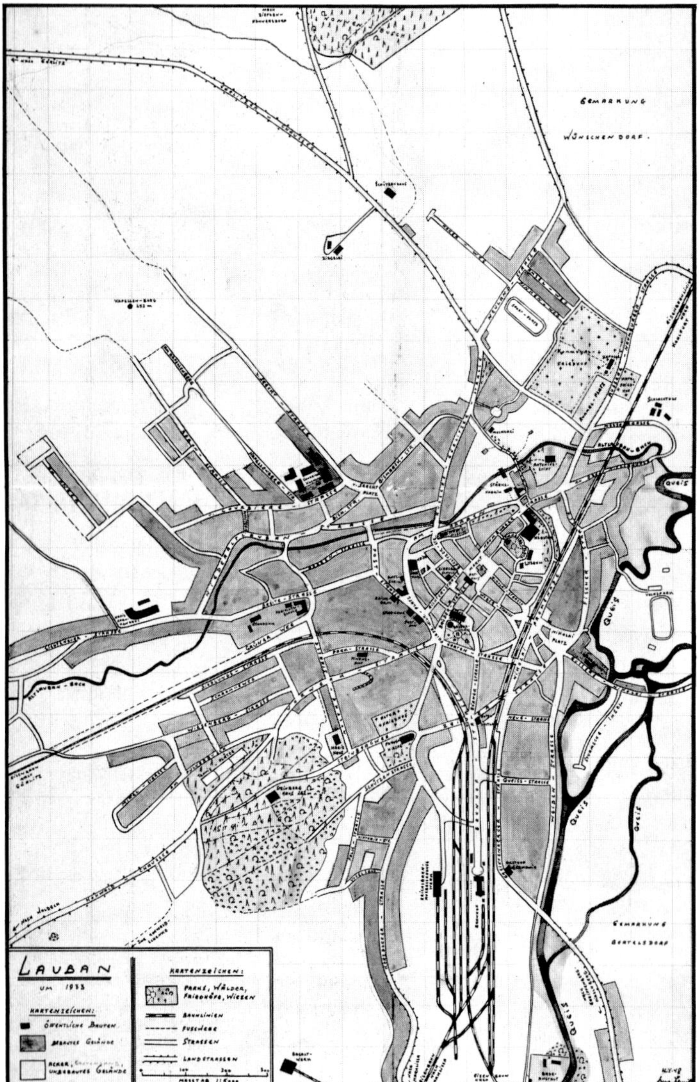

LAUBAN
UM 1933
KARTENZEICHEN:
ÖFFENTLICHE BAUTEN
BEBAUTES GELÄNDE
ACKER, UNBEBAUTES GELÄNDE
KARTENZEICHEN:
PARKS, WÄLDER, FRIEDHÖFE, WIESEN
BAHNLINIEN
FUSSWEGE
STRASSEN
LANDSTRASSEN
MASSTAB 1:5000
GEMARKUNG WÜNSCHENDORF
GEMARKUNG BERTELSDORF
QUEIS

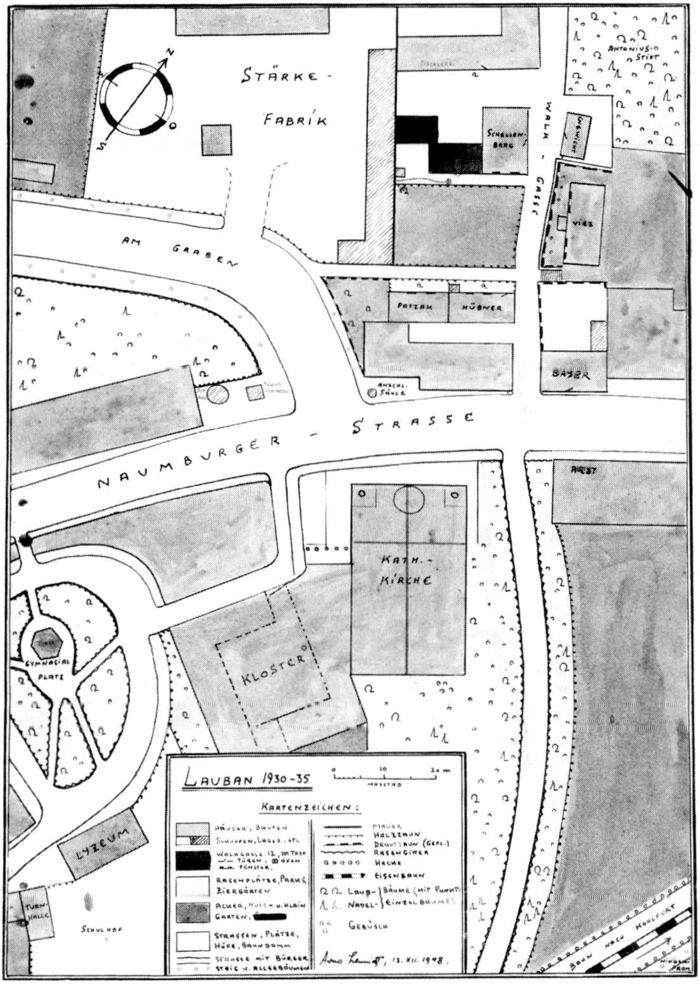

Zwei von Arno Schmidt gezeichnete Karten Laubans,
mit genauer Lage des Wohnhauses Walkgasse 12.

Erinnerungen an Arno Schmidt

VON HEINZ JEROFSKY

Am ersten Schultag nach den Herbstferien 1928 wurde uns – der Klasse U II b der Oberrealschule zu Görlitz – ein neuer Mitschüler vorgestellt. Wir erfuhren, daß er Arno Schmidt heiße und künftig als Fahrschüler aus Lauban am Unterricht unserer Klasse teilnehmen werde. Gelassen stellte er sich unserer Neugier und musterte uns seinerseits mit etwas kurzsichtigem Blick, die rechte Augenbraue ein wenig hochgezogen. Ich bemerkte vor allem, daß er – sehr im Gegensatz zu mir – auffallend groß war, und daß sein zurückgekämmtes, volles Haar wohl mit der Brennschere gewellt worden sein müsse. Das stimmte allerdings nicht: er hatte Naturwellen.

Arno wurde in die unbesetzte letzte Bank in der Mittelreihe dirigiert. Wir saßen in den damals üblichen unverwüstlichen Zweisitzern mit Schiebedeckel für das Tintenfaß. Nach wenigen Tagen meldete er jedoch, daß er von da hinten die Tafelschrift nicht einwandfrei lesen könne. Ich saß ebenfalls allein in der zweiten Bank der Mittelreihe (mein rechter Platz ist leer...). So geriet er neben mich.

Ich weiß nicht, ob Arno damals eine Brille besaß. Wenn ja, hätte er sie sicherlich nicht getragen. Denn unter uns jungen Leuten zählte das Tragen einer Brille als Eingeständnis körperlicher Unzulänglichkeit, die es doch solange wie möglich vor der Öffentlichkeit zu verbergen galt. Erst viel später setzte er wenigstens im Unterricht, falls es da etwas zu sehen gab, eine Brille auf.

Arno und ich waren die einzigen Atheisten der Klasse. Da wir also nicht am Religionsunterricht teilnahmen, trafen wir uns notgedrungen zweimal wöchentlich vor der Schule und warteten gemeinsam auf das Ende der ersten Stunde. Das gab Gelegenheit zum Gedankenaustausch, und ich merkte bald, daß er sich ganz ungeheuerlich mit Literatur aller Arten und Zeiten befaßt hatte und noch befaßte. Ich hatte damals von all dem, was er mir über die Geistesgrößen der alten Inder, Chinesen, Perser, Araber, Griechen und Römer zu berichten und zu zitieren wußte, nur wenig Ahnung. Auch konnte ich bei seinen Meditationen über Kant, Hegel, Schopenhauer und Nietzsche nicht mithalten. Ich nahm also alles mit kopfnickender Bewunderung zur Kenntnis. Ihn schien meine Ignoranz überhaupt nicht zu verwundern oder gar zu stören. Offenbar brauchte er einen Zuhörer.

In den großen Pausen gingen wir nun auf dem Schulhof meist miteinander, verzehrten unser Frühstück und unterhielten uns, flachsten einander mitunter aber auch gehörig an. Im Frühjahr 1930 geschah es dann: Der Schulhof glich stellenweise einer Eisbahn. Tauender Schnee und Pfützen waren über Nacht gefroren. Wir gingen am Zaun entlang und waren sehr lustig. Da genügte ein übermütiger Schubs, um mich ausrutschen zu lassen. Ich schlug mit der Stirn an die scharfe Kante eines Betonpfahls. Aus der klaffenden Platzwunde floß reichlich Blut, und mir schwanden ein wenig die Sinne. Es muß ja schlimm ausgesehen haben. Beim Arzt, gleich der Schule gegenüber, fand ich mich wieder. Die Wunde wurde geklammert, und ich erhielt einen mächtigen Verband um den ganzen Kopf. Nun wurde noch ein Unfallprotokoll aufgenommen, dann konnte ich für diesmal gehen. Als ich auf die Straße trat, sah ich Arno da stehen. Er trug neben seiner auch meine Schultasche und wartete, der Unterricht war längst beendet, auf mich. Er sah ungewohnt blaß und bedrückt aus. Ich ging auf ihn zu und sagte wörtlich: »Du siehst so blaß, Luise. Mensch, hast Du was am Kopf oder ich?« Aber er erklärte mir ganz trübe, daß ihm nicht nach Scherz zumute sei. Er habe doch den Unfall verschuldet, und das werde ihn sicher teuer zu stehen kommen. Den Ärger, den er zu Hause bekäme, könne er sich jetzt schon ausmalen, und am Ende würde er vielleicht von der Schule abgehen müssen. Wer weiß, was er sich da alles in den düstersten Farben ausgemalt hatte. Jetzt konnte ich ihn aber aufklären: Er solle das mit dem »verschuldet« ja nicht so herumerzählen, es gebe keinen Schuldigen, weil ich doch auf dem glatten Boden ganz von selbst ausgerutscht sei. Und so stehe es auch in dem soeben aufgenommenen Protokoll. Als er dies begriffen hatte, atmete er tief auf, und ich sah in seinem Gesicht einen Ausdruck von Freude und innerer Bewegung, wie ich sie kein zweites Mal bei ihm erlebt habe. Und es klang ordentlich feierlich, als er mir nun die Hand entgegenstreckte mit den Worten: »Heinz, das werde ich dir nie vergessen!«

Er ließ es sich nicht nehmen, mich nach Hause zu begleiten, wobei wir beide sehr wortkarg waren. Den Unfall haben wir nie wieder auch nur mit einem Wort erwähnt. Aber er war der Anlaß für den Beginn einer schönen Freundschaft.

In unserer Klasse genoß Arno bald allgemein eine gewisse Achtung. Das hing in erster Linie mit seinen Kenntnissen in alter Geschichte und alten Mythologien zusammen. Er durfte sogar während des Unterrichts hin und wieder Vorträge zu seinen Lieblingsthemen halten. Und so erzählte er uns von Gauthama, dem Buddha, von Laotse, von Mohammed und dem Islam. Daher rührte auch sein Spitzname »Allah«, der fest an ihm haften blieb. Niemand, außer den Lehrern und mir, redete ihn anders an.

Wenn er vor der Klasse stand und sprach, oder wenn er sich aus der Bank erhob, um eine Frage zu beantworten, hielt er stets einen Bleistiftstummel in den Händen, den er zwischen beiden Daumen und Zeigefingern ständig drehte. Um nicht zugeben zu müssen, daß dies ein Ausdruck seiner Nervosität sei, erklärte er mir, er spule lediglich von dem Bleistift seinen aufgerollten Redefluß ab. Und er zeigte mir in einer Anthologie ein Gedicht, ich weiß nicht mehr von wem, in dem doch tatsächlich eine Strophe etwa so lautete: Er kommt abhanden mit der Hand, er kommt abfußen mit dem Fuß und trägt in seinem Taschenfleisch den aufgerollten Redefluß[1]. – Da wußte ich also nun Bescheid: Arno trug seinen Redefluß eben nicht im Mund, sondern zwischen den Fingern.

Arno war nicht eben eine Sportnatur. Beim Turnen, Laufen, Springen, ja sogar beim Kugelstoßen mußte er ein wenig neidisch zu mir »aufblicken«. Nur schwimmen konnte er besser. Aber er verfügte, wie es seine durchaus imponierende Figur auch vermuten ließ, über sehr beachtliche Körperkräfte. Unter unseren Mitschülern gab es einen, der ihm an Größe (in Zentimetern gemessen!) nicht nachstand. Sie vergnügten sich oft damit, ihre Kräfte im Ringkampf zu messen, meist in der Turnhalle vor Beginn der Turnstunde, aber auch mitunter im Klassenzimmer. Dieser Kampf bestand einfach darin, daß sich beide umfaßten und das Kinn in des Gegners Schulter einstemmten. So versuchten sie, einander das Kreuz einzudrücken, was ihnen mit wechselndem Erfolg auch meist gelang, wobei ich den Eindruck hatte, daß hauptsächlich der an der Schulter verursachte Schmerz mal den einen und mal den anderen zum Aufgeben zwang.

Dem Unterricht im Fach Deutsch, d.h. Literatur, folgte Arno oft scheinbar uninteressiert, fast gelangweilt. Mir sagte er, daß er mit den Ausführungen unseres Deutsch- und Klassenlehrers fast niemals einverstanden sei, und wenn er nur könnte, wie er wollte, er würde schon einiges klarzustellen wissen. Aber er traute sich vorläufig mit Rücksicht auf etwaige Folgen nicht. Und als er im letzten Schuljahr doch ab und zu »vom Leder zog«, erwarb er sich damit freilich nicht die Freundschaft von Studienrat Dr. Thomae. Das bekam er beim Abitur zu spüren, wo er (ein Paukenschlag!) im Fach Deutsch nur mit der Note »2« abschloß. Er hatte vorher in jedem Zeugnis die Note »1« gehabt. Seine Aufsätze waren ebenfalls stets mit »Sehr gut« beurteilt worden, obgleich Dr. Thomae bei fast jeder Rückgabe einschränkend hinzufügte: »Wenn auch der philosophische Teil Ihrer Ausführungen wieder recht umfangreich ist...!« Mit »philosophischem Teil« bezeichnete Thomae, wie er selbstironisch erklärte, alles, was er nicht verstand.

Die unerwartet schlechte Beurteilung seiner Leistung beim Abitur muß Arno schwer getroffen haben, denn gleich nach Aushändigung der Zeugnisse verschwand er ohne Abschied aus unserer Mitte. Als ich ihm folgen wollte, rief er mir nur zu: »Du hörst von mir«, und weg war er. Dadurch fehlt er nun auch auf dem Klassenfoto, das anschließend vor dem Schulgebäude noch gemacht wurde.

Bald nach dem schnell vergessenen Unfall war es zur Gewohnheit geworden, daß ich Arno täglich nach dem Unterricht zum Bahnhof begleitete. Wir gingen zum für uns näher gelegenen Südausgang. Hier geht eine Treppe hinab zur Unterführung, die zu den Bahnsteigen, zur gegenüber gelegenen Bahnhofshalle und zum Hauptausgang führt. Die Treppe ist überbaut, so daß das Ganze den Eindruck eines kleinen Häuschens macht, mit Fenstern vorn und hinten (zur Straße und zum Bahngelände) und mit einer Windfangtür, die meist offensteht, als Seiteneingang. Und hier, hinter der Windfangtür, postierten wir uns vor dem ersten bahnseitigen Fenster, von wo wir die Uhr des jenseitigen Hauptgebäudes im Blickfeld hatten. Ich stand oben auf dem Podest, Arno, seiner Größe wegen zwei Stufen tiefer auf der Treppe. Je nach Unterrichtsschluß hatten wir nun entweder 15 Minuten oder 1 Stunde Zeit, bis Arno zum Zuge eilen mußte. Unsere erste Aufgabe bestand nun darin, die Parade der Lyzeumsschülerinnen abzunehmen, die, auch je nach Unterrichtsschluß gestaffelt, kurz nach unserer Ankunft vorbeidefilierten. Die älteren unter ihnen nahmen, obgleich sie uns durch die offene Tür schon von weitem sahen, so angestrengt standhaft keine Notiz von uns, daß es uns immer wieder diebische Freude machte. Meist gingen sie ja zu zweit, und kaum waren sie an uns vorbei, steckten sie die Köpfe zusammen, kicherten und tuschelten und bemerkten nicht, daß wir sie durch die straßenseitigen Fenster, wenn die auch fast blind waren, noch beobachten konnten. Mit der Zeit kannten wir sie alle und gaben einigen von ihnen (wie wir meinten) passende Namen. Da gab es u. a. ein Rotkäppchen, Frau Holle, die Großfürstin, den Feuerblick und (nach Romantiteln) den Engel vom westlichen Fenster sowie die Mittagsgöttin. Nun ja, wir waren damals 16 (dann aber freilich auch 17 und 18) Jahre alt.

Nur die Eine kam leider nie vorbei: Hanne Wolff aus Lauban, die auch das Lyzeum in Görlitz besuchte. Sie ging natürlich durch den für sie näheren jenseitigen Haupteingang. Aber Arno sah sie jeden Tag, denn sie benutzten ja gewöhnlich denselben Zug. Er verehrte sie, aber aus der Ferne, denn er hat nie ein Wort mit ihr gesprochen. Mir hat er sie einmal gezeigt, als ich im Frühjahr 1932 an einem Sonnabend mit ihm nach Lauban fuhr. Dieses Mädchen, das er als »a tricky woman« bezeichnete, hat seine Gedanken noch viele Jahre beschäftigt. Erst im »Leviathan«, wo er sie, die Hanne, bedeutsam auftreten läßt, schreibt er sie sich (so glaube ich) von der Seele. Doch zurück zum Südausgang. Eines Mittags, im Herbst 1931, überraschte er mich mit der Feststellung, daß wir, um etwas für die Unsterblichkeit zu tun, gemeinsam eine Oper schreiben müßten. Er wolle für das Textbuch sorgen, und ich sollte die Musik dazu schreiben. Die Oper sollte »Das Bergwerk zu Falun« heißen, und erste Vorstellungen zur Gesamtgestaltung seien schon vorhanden. Ich war zutiefst erschrocken und protestierte heftig gegen dieses Ansinnen. Aber er meinte in für mich noch heute unverständlicher Fehleinschätzung: »Wer so musikalisch ist und so trefflich das Klavier zu bedienen weiß, wie du, der wird doch wohl 'ne kleine Oper komponieren können!« Nun hatte ich ihm zwar schon einiges auf dem Klavier vorgespielt – er nannte mich scherzhaft den Herrn der Silberklänge –, aber einen Anlaß, in mir kompositorische Fähigkeiten zu vermuten, habe ich ihm nie gegeben. Der beiderseitige Überzeugungskampf dauerte tagelang. Schließlich gab ich ihm in meiner Not ein Heft aus der Inselbücherei zu lesen, das ich vor einiger Zeit schon im Antiquariat beim alten Bäsold (übrigens auch Arnos Antiquar) erstanden hatte: »Ferruccio Busoni, Entwurf einer neuen Ästhetik der Tonkunst, dem Musiker in Worten, Rainer Maria Rilke, verehrungsvoll und freundschaftlich dargeboten.« Diese Lektüre muß ihn doch berührt haben, denn schon am nächsten Tag gab er es mir zurück: »Also, was sich die Professionellen (Profis gab es noch nicht) so alles ausdenken!« Und – draußen ging doch wirklich gerade »Frau Holle« vorbei – : »Potz verrutscho

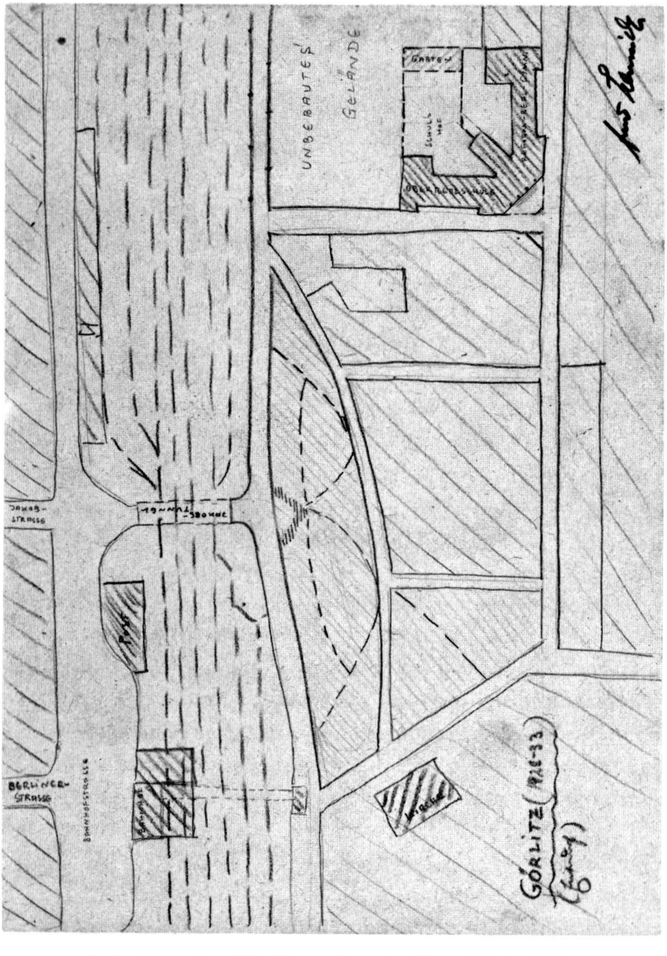

Kartenskizze Arno Schmidts zur Lage der Oberrealschule Görlitz; links, direkt unterhalb des Bahnhofs, der Südausgang.

Der Südausgang des Bahnhofs Görlitz heute
(Foto Heinz Jerofsky)

Der Eisenbahnviadukt der Strecke Lauban–Görlitz
über die Neisse bei Görlitz heute.
(Foto Alice Schmidt)

Der Laubaner Bahnhof heute
(Foto Heinz Jerofsky)

STÄDTISCHE OBERREALSCHULE ZU GÖRLITZ

Zeugnis der Reife

Arno Schmidt

geboren den 18. Januar 19 1[illegible] zu Hamburg

Kreis

war 4 Jahre auf der Oberrealschule und zwar 2 Jahre in Prima.

Leistungen:

1. Religion: ——

2. Deutsch: gut

3. Englisch: gut

4. Französisch: genügend

5. Geschichte (Staatsbürgerkunde): gut

6. Erdkunde: gut

7. Mathematik: gut

8. Physik: genügend

9. Chemie: gut

10. Biologie: sehr gut

11. Zeichnen und Kunstunterricht: ~~mangelhaft~~ nicht genügend

12. Musik: sehr gut

13. Leibesübungen: sehr gut

14. Wahlfreie Fächer: ---

15. Wahlfreie Übungen: Philosophische Arbeitsgemeinschaft: gut.

Er hat die Reifeprüfung gut bestanden.

Der unterzeichnete Prüfungsausschuß hat ihm demnach

das Zeugnis der Reife

zuerkannt.

Schmidt will Bankbeamter werden.

STÄDT. OBERREALSCHULE ZU GÖRLITZ

Görlitz, den 10. März 1933.

Staatlicher Prüfungsausschuß:

Prüfungsleiter: Vertreter der Stadtgemeinde

, Oberstudiendirektor
als Anstaltsleiter

, Studienrat , Studienrat

Busoni und Titta Ruffo, dann lassen wir es eben sein!« Und wir ließen es sein, mir war wieder leichter.

Übrigens: Titta Ruffo! Ich kannte ihn nur dem Namen nach, aber Arno, der zu Hause schon ein Rundfunkgerät hatte, kannte diesen damals ziemlich berühmten Sänger in Aktion. Mir gefiel nebenbei der obige Potz-Ausbruch Arnos mit seiner unterschwelligen Finesse genau so gut, wie ihm selbst, und es begann eine Zeit, in der wir um die Wette »potzten«. Natürlich war er da bedeutend erfinderischer. Ich erntete eigentlich nur einmal wenigstens ein beifälliges Kopfnicken mit dem Vers: Potz Erlenmeyer und Kolbenheyer. Arno hat später in seinen Erzählungen viele »Potzereien« untergebracht, darunter auch die eine, deren Erstaufführung ich am Südausgang erlebte.

1932 nahmen wir an einer Arbeitsgemeinschaft teil, in der uns unser verehrter Mathematiklehrer, Studienrat Hasenfelder, in die Geheimnisse der Einsteinschen Relativitätstheorie einführte. Das war für uns eine schöne Zeit des Staunens, Diskutierens und – wenigstens in Ansätzen – des Begreifens. Wenn wir auch in dem damit verbundenen mathematischen Labyrinth oft genug den Faden verloren, so glaubten wir doch an die Ergebnisse und berauschten uns daran. Die Konstanz der Lichtgeschwindigkeit, die schließlich doch dem Relativitätsprinzip entspricht – das gab Gesprächs- und Streitstoff! Eines allerdings betrübte uns: Seit Michelson's Experimenten im vorigen Jahrhundert war die Annahme eines Weltäthers ad absurdum geführt. Und wir hatten Anfang der 30er Jahre des 20. Jahrhunderts im Physikunterricht zu wissen: Licht ist eine Wellenbewegung des Äthers! Nun, wir wenigstens wußten jetzt, Hasenfelder sei Dank, Bescheid.

Der problemreiche Mathematikunterricht bei Stdr.

Hasenfelder hat Arno (und auch mich) zu mancherlei selbständigen Studien und Überlegungen angeregt, deren Ergebnisse sich später in manchem seiner Werke wiederfinden. Und nicht wenig davon wurde bereits am Südausgang angegangen. Ich warf z.B. einmal die Frage auf, wie weit wohl ein Mensch aufs Meer hinausschauen könne, der unmittelbar am Ufer steht. Wir rechneten es aus und waren bestürzt, daß da nicht mehr als etwa 4,5 km herauskommen. Und schon einen Tag später erschien Arno mit jener Faustformel: Wurzel aus der Augenhöhe in Metern mal 3,5 gleich Sichtweite in km. (3,5 ergibt sich gerundet aus Wurzel 2 mal Wurzel r durch Wurzel 1000, wobei r der Erdradius ist). Diese Formel wird er dann in einer Stürenburggeschichte ins Spiel bringen.

Ja, Arno vergaß nichts. Er hatte wirklich ein gußeisernes Gedächtnis. Damals bedauerte er das noch, weil er meinte, der Mensch müsse doch vergessen, das Hirn Ballast abwerfen können. Wem diese Fähigkeit abgeht, der müsse ja allmählich verrückt werden. Da hat er wohl anfangs die Speicherkapazität des Gehirns unterschätzt; später nicht mehr, da rühmt er sich eher seines Gußeisernen.

In das letzte Jahr am Südausgang, also etwa ab 1932, fallen Arnos erste Gedichte. Er hat sie mir Stück für Stück zur »Beurteilung« vorgelegt und freute sich jedes Mal aufs neue, wenn ich dezent, wie sichs gehört, Beifall zollte.

Am Südausgang bekam ich auch ein Gedicht mit der Überschrift »Gadir« vorgelegt. Im Nachhinein kommt es mir vor, als hätte er damals schon gewußt, daß er einmal eine Erzählung so nennen würde, um dieses Gedicht darin zu verwenden. Aber auch einige Liebesgedichte kamen zutage. Als erstes »Das stürmende Lied«, bei dem er gewiß an Hanne Wolff gedacht hat; denn die Worte »Schwermütig und listig« finden sich auch im »Leviathan«, als er von Hanne träumt, wieder. Auch das Gedicht »Schritte in der Nachtstille« dürfte für sie geschrieben sein. Natürlich hat er über das Warum und Wofür oder gar Für-Wen nicht mit mir diskutiert, und ich habe nicht danach gefragt, weil ich die Gedichte einfach hinreißend schön fand – was sie für mich noch heute sind.

Übrigens hat mir Arno am 1.2.1933 ein kleines Notizbüchlein geschenkt, auf dessen erster Seite mit Tintenstift geschrieben stand: »Schritte in der Nachtstille, erste und einzige Ausgabe in 1 Exemplar, gewidmet Herrn Heinz Jerofsky von seinem Freunde Arno Schmidt.« – In dieses Heftchen hatte er, ebenfalls mit Tintenstift, alle seine bis dahin verfaßten Gedichte eingetragen. Ich war nicht wenig stolz auf diesen Besitz, den ich fast immer bei mir trug. Im letzten Krieg ist es mir abhanden gekommen. Als ich nach Verwundung und Operation aus der Narkose erwachte, mußte ich feststellen, daß meine Kleidungsstücke und damit auch jenes Notizbuch sowie einige schöne Briefe von Arno verschwunden waren. Das war ein rechtes Unglück. Und ich bin nun darauf angewiesen, wenigstens das zu erhalten, was mein leider nicht gußeisernes Gedächtnis noch schlierenfrei aufbewahrt hat.

Nach unserer Schulentlassung war es mit dem fast täglichen Zusammensein vorbei. Ich nahm, um dem Arbeitsdienst zu entgehen, eine Lehrstelle als Holzkaufmann an (3 Jahre Lehrzeit, und das mit 19 Jahren!). Arno hatte noch nichts gefunden und belegte erst mal einen Halbjahreskurs für Buchhaltung und Stenographie an der Höheren Handelsschule in Görlitz, und zwar, wie ich glaube, von Mai bis Oktober 1933. In dieser Zeit kam er also wieder täglich nach Görlitz. Da auch ich zum

»Reisenden« geworden war (meine Lehrzeit verbrachte ich hauptsächlich auf Sägewerken außerhalb Görlitz), konnten wir uns wochentags nicht treffen; denn ich kam immer erst spät abends nach Hause. Nur sonnabends, wenn ich mit dem Mittagszug zurückkam, klappte es. Dann erwartete er mich schon am Zuge, und wir gingen in die Bahnhofshalle am Haupteingang. Dort lümmelten wir vor dem Fenster eines stets geschlossenen Fahrkartenschalters.

Ich fühlte mich in meiner Tätigkeit nicht besonders glücklich. Um so mehr freute es mich, daß Arno an meinen Berichten darüber lebhaften Anteil nahm. Bis ins kleinste mußte ich erzählen, wie es in einem Sägewerk zugeht. Und als er dabei erfuhr, daß die Holzarbeiter unter »Langholz fahren« noch etwas ganz Anderes verstanden, war er so begeistert, daß er gelobte, sich diesen Terminus zu merken. Dieser »Zettel« hat zwar lange in seinem Gedächtnis oder in einer Schublade träumen müssen, aber in »Zettels Traum« hat er schließlich doch Verwendung gefunden.

Bei der Lektüre dieses Buches fiel mir noch ein zweites Beispiel für seine erstaunliche Gedächtnisleistung oder -technik auf. Man sprach damals davon, daß Wilhelm Furtwängler es ablehne, Walzer zu dirigieren, und wir diskutierten darüber. Ich plädierte dafür, daß er doch wohl nur sogenannte Tanzwalzer als seines Taktstockes unwürdig erachten könne. Die vielen großen Opern, in denen auch Walzerklänge verwendet werden, würde er sicher nicht aus seinem Repertoire streichen. Ich nannte »Rosenkavalier«, »Carmen« und andere Opern. Und schließlich fiel mir ein: Sogar in Wagners »Parsifal« gibt es einen Walzer: Das Lied der Blumenmädchen. Da ich »Parsifal« gerade erst (in Görlitz!) gesehen hatte und außerdem einen Klavierauszug besaß, war ich sogar in der Lage, ihm eine Strophe vorzusingen: »Komm', komm', holder Knabe . . .«. Für mein Bemühen, mit den synkopischen Anfangstakten fertig zu werden, erntete ich ein nachsichtiges Kopfnicken. Als ich ihm aber vormachte, wie Parsifal dazwischensingt: »Wie duftet ihr hold, seid ihr denn Blumen?«, da brach er, ich wußte nicht warum, in helle Begeisterung aus: »Das ist ganz groß!«. Und er stellte sich in der Pose eines Heldentenors mit erhobenem rechten Arm auf und sang falsch aber laut, ohne auf die erstaunt blickenden Menschen in der Bahnhofshalle zu achten: »Wie duftät ihrä hold, seid ihrä dennä-Bällumenä?«. Ich lachte laut Beifall, aber Arno rezitierte feierlich: »Das vergess' ich nimmer, wie Feldspat, Quarz und Glimmer!«.

Daß er dies ernst meinte, kann man im »Zettel« nachlesen. (Übrigens fand ich noch eine Erinnerung an Hanne Wolff: Hah: ne Vulv!)

Im Januar 1934 erhielt Arno nach vielen vergeblichen Bemühungen endlich eine Arbeitsstelle, und zwar in den Greiff-Werken in Greiffenberg, einem Textilbetrieb. Da er nun täglich von Lauban nach Greiffenberg fahren mußte, also in entgegengesetzter Richtung, war es mit unseren fast regelmäßigen Treffen am Bahnhof von Görlitz zu Ende. Mit Karten und Briefen hielten wir uns gegenseitig auf dem laufenden. Hin und wieder besuchten wir einander auch am Wochenende, d. h. meist mußte ich nach Lauban fahren. Bei einem dieser Besuche schlug ich ihm vor – ich wußte ja, daß er sein Arbeitsverhältnis nur als Nebenbeschäftigung ansah – sich doch mal um Rat und vielleicht auch Hilfe an irgendeinen bereits arrivierten Schriftsteller zu wenden. Arno nahm den Gedanken zustimmend auf, und hat ihn auch verwirklicht. Er schrieb an Hermann Hesse und an Hermann Stehr aus Oberschreiberhau im Riesengebirge. Von Letzterem hatte seit Quarta ein gerahmtes Bild in unserem Klassenzimmer gehangen. Wir hatten im Unterricht eine Geschichte von ihm gelesen und an ihn mit der Bitte um ein signiertes Foto geschrieben.

Zwei soeben entstandene Gedichte legte Arno seinen Schreiben bei. An H. Hesse ging »Blutbruder Gras«, das er später in »Enthymesis« verwendet hat, und an H. Stehr ging das mit »Verworrenheit« überschriebene andere. Was Arno in diesen beiden Schreiben sonst noch geäußert hat, ist mir nicht bekannt. Am 19.6.34 antwortete Hermann Hesse mit einem Gedicht »Dreistimmige Musik« und den Worten: Gruß von Hermann Hesse. Sonst nichts.

Unter dem 6.8.34 schrieb Hermann Stehr, der die volle Unterschrift Arno's nicht richtig entziffern konnte und den Brief an »Herrn Handschmidt« adressierte: »Sehr geehrter Herr, empfangen Sie herzlichen Dank für Ihr schönes Gedicht. Mit deutschem Gruß Ihr Hermann Stehr.« Sonst nichts.

Arno war sehr enttäuscht und verbittert. Er übergab mir die beiden Schreiben mit dem Bemerken, ich solle mit ihnen machen, was ich wolle. Ich habe sie natürlich aufbewahrt.

Zum letzten Mal gesehen haben wir uns am 2. Weihnachtsfeiertag 1937 in Lauban. Arno war frisch verheiratet, und ich lernte seine junge Frau Alice kennen.

Es wurde ein sehr fröhlicher und feuchter Abend, an dem Arno nicht müde wurde, in echt Hamburger Platt tolle Seemannsgeschichten von der Timur-See zu erzählen. Frau Alice gelang es, ohne Blitzlicht eine Aufnahme von uns beiden unterm Weihnachtsbaum zu machen.

Allerdings ist darauf mehr unsere Stimmung als wir selbst zu erkennen. Dennoch ist es eine schöne Erinnerung.

Als mich Arno lange nach Mitternacht zum Bahnhof brachte, wußten wir, daß wir uns wohl so bald nicht wiedersehen würden. Daß dies aber schon das letzte Mal war, ahnten wir beide nicht.

Immerhin blieben wir durch einen – wenn auch spärlicheren – Briefwechsel bis ins Jahr 1940 hinein ständig in geistigem Kontakt. Dann riß die Verbindung wegen der Kriegsereignisse zunächst ab. Als ich 1947 nach Hause kam, fand ich bereits einen Brief von ihm vor. (Dieser Brief – ich glaube, er kam schon aus Cordingen – ist mir, wie auch einige Schreiben von 1948, bei meiner damals häufigen Herumreiserei verlorengegangen.)

Arno hatte damals viele Aufträge für mich im Zusammenhang mit seiner geplanten Fouqué-Biographie. In der Deutschen Bücherei in Leipzig konnte ich nach seinen Angaben umfangreiche Texte exzerpieren. Außerdem habe ich auf vielen Pfarr-, Kirchen-, und Standesämtern persönlich oder schriftlich Fakten in dem gleichen Zusammenhang eruiert. Ich war damals schon allein von der Tatsache fasziniert, wie genau er wußte, was wo zu finden war.

Im Herbst 1949 übersandte er mir ein Exemplar der Erstausgabe des »Leviathan«, »The firstling of the flock«, wie er es nannte. Auch eine schöne Widmung hatte er hineingeschrieben. Ich habe mich sehr gefreut und war auch ein wenig stolz darauf, damals vielleicht einer der ganz Wenigen gewesen zu sein, die ihn selbst in fast jeder Zeile wiedererkannten. Diese Wendungen, diese Bilder: Ich glaubte mich in die Zeit des Südausgangs zurückversetzt.

Ähnlich ging es mir, als ich 1951, wieder im Herbst, »Brand's Haide« (und »Schwarze Spiegel«) von ihm übersandt bekam. Ich glaube, in beiden Büchern hat er die

Gedanken, die sich im Laufe zweier Jahrzehnte bis zum Überlaufen in ihm gesammelt hatten, abgearbeitet, um Ruhe, Klarheit und Raum für Neues zu gewinnen.

Da ich mich leider gar nicht rühmen kann, ihm, was Kenntnis der Literatur und vieles andere betrifft, auch nur das Wasser reichen zu können, hatte ich beim Lesen mancher seiner spätern Erzählungen so meine liebe Not. Und doch war mir die Lektüre spannend und unterhaltsam zugleich. Denn immer wieder sah ich ihn selbst neben und hinter seinen Worten stehen, verstand seinen immer schärfer werdenden Biß und bemerkte erleichtert das Grinsen des Weisen.

Ende 1952 riß unsere Verbindung plötzlich ab. Niemand weiß, warum. Ein Buch (Friedrich Engels, Der Ursprung der Familie...), das ich ihm damals schickte, hat er zwar erhalten, denn er hat es verwendet, aber ich erhielt keine Bestätigung von ihm. Meine Anschrift hatte sich damals vorübergehend geändert. Vielleicht war auch er wieder mal umgezogen. Nach einigen vergeblichen Versuchen haben wir es dann wohl beide aufgegeben. Und als ich 20 Jahre darauf seine Spur wiedergefunden hatte, war er natürlich nicht mehr der alte. 20 Jahre sind eine lange Zeit, und Arno war inzwischen der zurückgezogen lebende Einsiedler in Bargfeld geworden, für den ein Briefwechsel nur Zeitverschwendung war. Wir kamen daher nicht mehr recht in Fluß, und ich habe das respektiert.

Und nun hat er diese Welt, die er ja bei weitem nicht für die beste hielt, verlassen; ein Jammer für alle, die ihn liebten und verehrten. Und viel zu früh, denn sein Redefluß war noch längst nicht abgespult. Außerdem wollten wir gemeinsam durch die Silvesternacht ins Jahr 2000 gehen. So war es abgesprochen schon am Südausgang.

Briefe
an Heinz Jerofsky

VON ARNO SCHMIDT

S.H. Herrn Heinz Jerofsky
Görlitz Jauernickerstrasse

Gegeben am tage st. augustini zu plackwitz ob des eurotas.

Erlauchter holzfaeller!
Wie geht es dir? . . . . !! . . . . na, dann!
Ich lebe wenig und schlecht.
Von grog, zigaretten und ruhm.
Eine marmorbueste ist mir von der hoechsten dienststelle zugesichert, lieferbar 7 werst nach Judgement Day. –
Ein effendi luemmelt vor einer postkarte. –
Nach vollzogener lesung, oh eritis sicut deus, wasche deine rissigen haende und saeubere dich von dem erbrochenen.
Der aufseher naht, und verzeih' die schlechte schrift.
Schreibe nicht wieder: ich bin sehr streng geworden! . . . . na, ja.
Nun zu mir: (Vorsicht, nicht stürzen! worte!)

Der mond grinste gequaelt in wolken, wind lief mit geschrei schwarz auf raeubersteigen, arno schmidt, ein fremder prinz aus dem buecherlande umging den steinberg.
Auf einer bank, lau in rebenranken, schlief ein quidam: groß, weißes fett, oeliges caesarenhaftes schnarchen – und – ein becken? --- zum kant, ja! –: ein becken wie ein braukessel!
Na, du weisst schon !!!
Ich brach zwei lakkolithe aus der steinwand (granit, ... das vergess' ich nimmer!), diabolisch, wolffisch (!) blinkte das rosige fleisch des feldspates; ich lachte hell und voll hintergruendiger bosheit.

Zweimal rauschte die morchelnhecke, zweimal traf ich! Nahe der interparietalfurche (keine schweinerei!) und oberhalb der milz.
Der speckige sklave schoss auf, mit dem schrei eines alten weibes am kreuzweg, in blauer mitternacht!
Dann weinte er; lind und lange.
Von meinem lachen schepperte die oberlausitz!
Arno schmidt, the avenger! ..... Wu hi, der bin ich!!!
Am abend erhaengte ich mich wieder.
Das ist alles. ––
Ich habe erlesene gesellschaft: hoffmann, herodot, flammarion. Sataspes laesst fluchen; er langweilt sich; ich widere ihn und mich an.
Zweimal traeumte mir von dir; einmal warstu ein jockey, dann ein holzwurm; ich fuerchte, beides stimmt.
Nachts kommen hanne und selene.
Dennoch moechte ich goerlitz; besorge mir ein amt als borkenkaefer.
Ich verdiene jetzt im monat hiebe.
Mir ist ein wenig warm und ich befinde mich wohl:

Euer wohlaffektionierter elektron

P.s. Traue nie einem bader! ... oh, ich koennte bersten! Spiele fleissig! Mozart: Cassations; bach: wohltemperiertes klavier.

unheil!

Postkarte, abgestempelt: ›Lauban 29.8.33‹
Die kommentierenden Fußnoten geben alle Informationen aus einem Gespräch der Herausgeber mit Heinz Jerofsky wieder, wobei bereits in den »Erinnerungen an Arno Schmidt« Erwähntes hier nicht noch einmal Aufnahme findet.
holzfaeller: Anspielung auf Jerofskys Tätigkeit als Holzkaufmanns-Lehrling.
Wu hi: Heinz Jerofsky berichtet, Arno Schmidt habe kurz auf seine Übersiedlung nach Lauban in der Eisenbahn einem schlesischen Bauern gegenüber gesessen, der ihn unvermittelt mit den Worten »Wu hi« anredete. Schmidt, des schlesischen Idioms noch ungewohnt, habe diese Frage nach dem ›Wohin‹ mit einer Verbeugung und der Vorstellung »Arno Schmidt« beantwortet.
Sataspes: Das von Schmidt des öfteren erwähnte Versepos fand sich nicht in seinem Nachlaß unter den übrigen seiner Juvenilia und muß wohl als verschollen gelten.

S.H. Herrn Heinz Jerofsky
Görlitz. Jauernickerstrasse 43

Geschrieben zu beginn der nacht el-kadr, der 26. des ramadân, im jahre 1311 der hedschrâ.

Heinz! Geht nicht!! Ich muss mein abitur machen! Zu deutsch: stellenjagd in breslau und liegnitz. Ein kropfeter onkel (bzw. tante) zahlt fahrkarte. Ich habe mich auch in L. um 3 kontorstuehle beworben, aber noch keine Entscheidung. Ich möchte mit dir nach Spremb; wir wuerden A.walden zum freuden=haus (im reinen sinne!) machen. nouveauté: d. père v. H.W. (gott habe sie unselig) hat ¼ jahr bei vater philipp tueten geklebt. schoene tueten!! P.G. Thrun ist ein quermaul; wir schnitten »in d. wette« auf! ich obsiegte.

d. tinte geht aus: »ade! ade!« (hamlet I.V.) schreibe spaetestens 1940 wieder.

die parallel gesaeumte krueppelkiefer 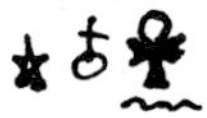

Bildpostkarte (Winterszene mit Aufdruck: ›Fröhliche Weihnachten‹), abgestempelt: ›Lauban 14.9.33‹
Thrun: Kurt Thrun, Klassenkamerad; galt laut Heinz Jerofsky als unsportlich und zeichnete sich durch seine Kenntnis sämtlicher Automarken aus. Sein Vater war Vorsitzender der Metallarbeiter-Gewerkschaft und starb im KZ.

Lauban, heute.

Enrico inammorato!
Beabsichtige am nächsten Sabbat (14.10.) vor deinem Expresso zu stehen; wenn ja, schreibe nicht, wenn nein, mäkle!
(Hier ist im Manuskript des meisters eine Lücke...........)

Der Tragödie I. Teil :
Causa sui und die 40 (in worten vierzig) Räuber.

. . . . Schon als [ich] in das Kontor des Ms. Behrend eintrat, sah ich, daß er eher Hermes als mich einstellen würde. Ich bewahrte contenance so gut es ging und griff Platz. (Hinter der Bühne erheben sich sturm und ein grabesbleicher, unvollkommener mond. Mitternacht, dumpfes grausen d. Natur. Man hört das monotone (einförmige) geräusch gewetzter Messer.)

Er begann: »So gern ich es sähe, wirklich . . . .«

Ich sagte anerkennend, mit einschmeichelndem lächeln: »spilled!« Er zuckte zusammen; dann rief er schnell und undeutlich: »Tut mir leid, kann Sie nicht anstellen!« (Schweigen! Die laute der halben nacht werden deutlicher. Bedrohlicher. Tückisch.)

Hier machte ich einen letzten Versuch; ich grinste hilflos und begann: »H. Behrend, Sie sind ja eigentlich eine grammatische form, ein gerundium, meine ich; und . . . .!«

Er unterbrach mich, sprang auf, klatschte dreimal in d. Hände. Ich sah bewundernd zu ihm auf; er schien mir größer und schlanker; jugendlich reines feuer strahlte aus seinen augen; sein speckiges wams wehte in harmonischen falten um die hüften, durch die schmalen mangelnden locken zog sich ein dünner goldener reif!

Verzaubert saß ich da; verzaubert starrte meine arme kleine seele ihn an! »Wie in 1001 nacht,« dachte ich, »dort klatschen sie auch immer in die Hände! Gleich werden tausend schwarze sklaven erscheinen, mit Gefäßen voller Juwelen auf den Köpfen!«

Hinter mir entstanden fremde rufe und Gelächter; ich wandte den Kopf nicht, ich wollte mich überraschen lassen. Noch nicht . . . noch nicht! . . . . . . Jetzt!! . . .

Vor mir standen 3 derbe Hausknechte, die mich nach bedeutsamem, aufforderndem füßestampfen in einen freien griechischen Ringkampf verwickelten. Sie umwanden mich mit zauberischer Behendigkeit, wie die schlangen den laokoon. Ich wandte die langsam aber sicher hervorquellenden oculi flehend zum gebieter. Der stand hochaufgerichtet da; die Arme auf dem bauch verschränkt, und besah mit steinernem, zäsarenhaftem lächeln das spannende Spiel.

Mit jedem herzschlag wuchsen neue Athletenscharen um mich aus dem zauberparkett auf; ich sprengte einen Doppelnelson! Ich ging in die Brücke!...– Dann schwanden mir die Sinne unter einem, trotz meiner Einwendungen, meisterlich vollzogenen Überwurf! Als ich erwachte, fand ich mich auf einem Schutthaufen wieder. Und – seltsam – als ich die runden Augen auf meinen Mantel richtete, fielen mir Verse Lenaus ein: »An den Kleidern trugen die drei Löcher und bunte flicken...« –

Löcher? – Schon recht! Aber flicken? Und wo waren die beiden andern? Auch kein Cymbal hing am Baum! Wo waren die Bäume überhaupt? – Da senkte der stolze Geist sein Haupt und weinte bitterlich. (Überschrift: ein Dichterleben!)

II. Komödie in Gott-sei-Dung nur einem Akt.

Enrico! Schon vor Jahren weissagtest du mir, ich würde früher oder später einmal elend als Schriftsteller endigen! Vergib' mir, ich habe gesündigt vor dem papiernen Himmel und vor dir. Der Anfang ist gemacht. (Um gott! Welch ein Anfang!!) Ich habe ein kleines, in sich geschlossenes Teilergebnis, aus meiner unfertigen Arbeit über nietzsche einem Verlage (so einem kleinen, häßlichen, weißt du!) eingesandt. Er hat es akzeptiert gegen das fürstliche honorar von 25,– (fünfuzw.) mark; mit der bitte: es schmeckt nach mehr! Nun sind es zwar höchstens 4 Druckseiten – aber immerhin. Es wird wahrscheinlich in irgend einem kleinen Jahrbüchelchen erscheinen, zwischen statistischen Tabellen und anderen Auswüchsen verrückter Verlegergehirne. Sell wann i'g'wußt hätt! Hoffentlich erscheint es überhaupt nicht im Druck; bestimmt ist es ja gottlob noch nicht. Aber mit dem Geld fuhr ich 3 Tage Langholz. Ich habe lange gegrübelt, ob ich nicht meine opera omnia als Altpapier verkaufen soll. Der Preis (ich habe mich erkundigt!) wäre, glaube ich, derselbe. Ich erwarte nur noch deine *mündliche* Bestätigung. Hebe ja unsre Korrespondenz auf! Wir müssen die Nachwelt durch esprit rasend machen. Deine Karten sind leider wenig dauerhaft. Schreibe zum mindesten mit Tintenstift, aber schreibe.

Einzelheiten.

1.) Mit M.W. ist Schluß? War es aufreibend? Blut und Haare? oder Hohngelächter? Du wirst mir noch die Schuld geben, daß sie dich bis jetzt langweilte!
2.) H.W. wo? In warm-brunn? Bist du wegen ihr nach W. gefahren, Hund? Hunds-Hund? Ex-Ex? War sie schön? Wenn ja, sinne bis zum Sonnabend auf bezeichnende Adjektive! Auf intime! Im Traum habe ich es jetzt soweit gebracht, daß sie mich du'zt! Und wie! Der père atmet wieder die stärkende Luft des 3. reiches.
3.) By the way: Spremberg! Soll viel Idioten da geben: Na, du wirst diesen Schaden hoffentlich reparieren. (Das Epitethon: »Langholz fahren!« ist ganz reizend; ich glaube, wir können es getrost in den Kanon unsrer heiligen Schriften aufnehmen. Prima!)
4.) Stellung? Siehe 1. Teil! (Lies es nebenbei mit genus)

5.) Sataspes. Hypothetischer Umfang: 90.
Fertiggestellt: 40
Bleiben: 50.

Einzelheiten mündlich; neue Theorie des Trau-mes erfunden, verrückt! (Zu singen nach der melodie: Wir, arno, von eigenen Gnaden...) Sonnabend bin ich da!!!!!

Ich!

Brief A5, 4 S., von H.J. datiert: 10.10.33
unfertige Arbeit über Nietzsche: Konnte bisher nicht ermittelt werden; Heinz Jerofsky hat keine Erinnerung an sie.
M.W.: Marthel Wiedemann aus Kohlfurt, besuchte mit Arno Schmidt die Handelsschule.
Theorie des Traumes: Heinz Jerofsky erinnert sich nur daran, daß häufiges Thema der ›Südausgang-Gespräche‹ immer wiederkehrende Träume gewesen seien: vor allem Flugträume (Schmidt sei oft von hohen Türmen und Dächern geflogen) und Bewegungsblockaden (z.B. vor der wartenden Straßenbahn). Schmidt habe damals die Ansicht vertreten, *jeder* Traum hätte eine Wurzel realen Erlebens; im Zusammenhang der Flugträume, erinnert sich Jerofsky, sei der Name Edgar Dacqué von Schmidt genannt worden.

S.H. Herrn Heinz Jerofsky
Görlitz, Jauernickerstr. 43.

Amice! – Je suis arrivé – ick bün all hier; nach einer argen Odyssee des Körpers u. des Geistes. Ma tante... sie hat ihn weggerissen, na ja! Um 7 Stellen habe ich mich beworben; ein 7faches »Nein!« im höheren Chor strange! Que faire?? Braucht ihr noch keinen Stift? Habe mich zur S.S. melden wollen (»Malborough se va-t-en guerre...«); 1 Übungsabend mitgemacht u. erfahren, welche Körperanhänge bei der Kniebeuge auf dem Boden zu schleifen haben; man nahm mich nicht an, von wegen 2/5 normaler Sehschärfe. Schade, hätte Anatomie gelernt! –– Hier sitz' ich, stinke faulig an allen Gliedern; mich ekelt, wenn ich meinen schwammigen Corpus besehe oder meine patrizierhaften Fett-Augen. Wenn ich bis März 34 nichts habe, gehe ich zum Arbeitsdienst; Mucki prophezeite, es würde Hohes aus mir werden, schätze, ein Galgenzierrat.

Ich weiß nicht, ob ich vor X-mas noch einmal kommen kann; keine Assignaten mehr, alles futsch, perdutto; muß halt warten. In feminis nichts; auch H. ist eliminiert, soll sie meinetwegen Zwillinge bekommen; grüße dein H. von mir. Langweile mich ungemein u. denke oft an Görlitz : Quant' é bella giovinezza, ma si fugge (se fuit!) tutta via (Wirst's schon übersetzen können). Mille de tonnerres! 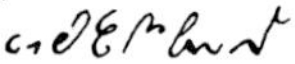 (Hic Rhodus, Stenograph!) Falls du was hören solltest (Konjunktiv), schreibe bloß!! Ich selbst bin nicht mehr aktiv, sondern ein trüber Alter, ein greiser »Fettel« (Sieht geschrieben ulkig aus, nöch?) – Viehischer Zustand!! Ich bete oft zu Kolumbus; weil der den Tabak fand, weißt du. Auch Rum schmeckt, zumal im Winter. Goldene Worte !! – Die Petroleumlampen in den Friseurläden werden von den Gesellen gereinigt; man riecht's beim Rasieren; a great and terrible world! ––

Auf der (nun endgültigen) Rückfahrt nach Lauban traf ich im Nachtschnellzug einen Dichter, der seiner Sekretärin ein neues Märchen in die Maschine diktierte: Es war einmal ein kleines Mädchen, das am liebsten eine blaue Kappe trug, weshalb es auch allgemein das Blaukäppchen genannt wurde.. u.s.w. Ich errötete bei jedem Wort für ihn; am Morgen war mein Haar schneeweiß. –

Im Freilauf meines Rades ist Mottenfraß, sonst würde ich anrollen. Nimm deshalb vorlieb mit diesem geringen Brief, und schreibe bald zurück. Ich sehe es gern, wenn »unser« feister Briefträger laufen muß; down with him, er war es, der mir die Streichhölzer stahl! –

Mit deutschem Gruß!

Arno Schmidt, Maulaffenhändler.

2 Tage später: Kann erst jetzt eine Marke stehlen: Der beste Beweis für meine Kaufkraft. – Salve!

Postkarte, abgestempelt: ›Lauban 25.11.33‹
S.S.: Heinz Jerofsky vermutet hinter diesem ›Übungsabend‹ keine reale Begebenheit. Schmidt habe in Gesprächen und Briefen häufig Erlebnisse erfunden und ausgemalt.
Mucki: Spitzname für den Mathematiklehrer Hasenfelder.

S.H. Heinz Jerofsky.
Görlitz Jauernickerstr. 43

Lauban, d. 31.I.34. Enrico! – Na, Alterchen, auch du watest jetzt also schon 20 Jahre im Sumpfe der täglichen misère herum; und willst das noch 66 Jahre mitmachen? (siehe 2000 post Christum natum!) Ich persönlich werde Ende 34 die Notbremse ziehen, wenns nicht besser wird! (besser: ich bin beim Thema!) ––

Heinz! Hast du jemals 1100 Bogen nach Nummern geordnet, wenn neben 47 die Nr. 983 liegt, welche der Nachbar von 709 ist? ––: Ich habe!! Schon 3 Tage!! (Nicht stürzen; Glas!) ––––––––––––––

Erlaß es mir, meine Arbeit weiter zu schildern: ich mache in Stumpfsinn, d.h. äußerlich; jedoch d. Mund meines Herzen lächelt wohlgefällig: –

Enrico!! : Halte dich am nächsten Stuhl (deine Mutter kann unterdessen die Pfannkuchen weiter wenden!), »I've found ‹HER›« (nicht H.!), aber was ist H. gegen my new love! Ich bin halt ganz hin!!! Alles weitere by mouth (»Sie« mich auch!! Fein, was?) Ich fahre morgens 7^{33} (im Sommer 6^{20}) und bin Abend 19 in L. (im Sommer ein wenig nach 17). Die Fahrkarte – 6,20 M. – muß ich selber bezahlen, kriege allerdings im Monat 30,– Emmchen!! Die Arbeit ist blöde, aber leicht; ich habe auch anständige Kollegen mit bösen Witzen. –

Man sagt gemeinhin, daß Liebe zehrt : grinse nicht, es stimmt! (Übrigens, wenn es dich interessiert, sie heißt Hilde, Hilde Stefan): she's cursed terribly by nearly the whole crew: but I love her --- na, you know all this!! noch einmal: »Sie« mich auch!!! –

Ich spinne während der Arbeit wie eine Klosterkatze! – Der bin ich! Von meinem ersten Gehalt komme ich nach Görlitz! – Noch einmal: Here's luck!

Arno, Unternehmer in Wolkenbauten!

Postkarte, abgestempelt: ›Lauban 1.2.34‹

S.H. Herrn Heinz Jerofsky
Görlitz, Jauernickerstr. 43

Am 3. Tage des 8. Mondmonates 1138 v. Cr.
Σατάσπης ἀνὴρ Ἀχαιμενίδης grüßt CAUSA SUI, den Herrn der Silberklänge.

Üble Nachricht empfing ich aus Theben, dem Hekatompylos: Sargon-Naram-Sin von Akkad, der Assyrer, der räudige Wolf, der Schakal, hat sich mit den Hethitern verbündet und die Burgen von Elath bis Migdol zerschlagen; seine Schiffe beherrschen das westliche Meer von Aufgang bis Untergang der großen Flamme Râ.

Dennoch will ich die Überfahrt wagen; wenn Elektron, der Herr der negativen Ströme, mir günstig ist, wird mein Fünfruderer am nächsten Saturns-Tage, wie ihn die Bewohner der Zinninseln nennen, 15^{15} kretischer Zeit im Hafen von Knossos ankern.

Meine Arbeiten wachsen wie das reitende Jahr; die Argonauten treten schon in den zweiten Kreis.

Mein Herr, der Fabrikant spitzer phrygischer Kappen u. roter persischer Mäntel, wird – Boreas sei Dank –, wohl unsre Arbeitszeit verringern, da es ihm an phönikischem Purpur mangelt. — Gib dem Überbringer dieses Papyros' 30 Stockschläge ob seiner Trägheit; sollte er aufbe-

gehren, rädere ihn oder dergl. mehr. Ich bin seiner müde.
Noch dies: kein Arschang  Σατάσπης.

Absender: Sataspes
Pasargadae a/Cyros
Holzweg Nr. ∞

Postkarte, abgestempelt: ›Lauban 11.7.34‹

S.H. Herrn Heinz Jerofsky
Görlitz. Jauernickerstr. 43

17.12.34.

Enrico!
Bin, falls /Deine!!/ Gegenorder ausbleibt, am 22.12. 3^{35} P.M. am Hauptausgang d. Görlitzer Bahnhofes! Hoffe, daß Du die heiligen Schriften zur Durchsicht (Kürzung!) bereit hälst. Habe vom Chef 25,–* bekommen u. bin deshalb seit 2 Tagen unter Alkohol; außerdem verliebt in ante meridiem – amüsanter Zustand. Gib Deine Bemühungen um die Bücher auf! Alles liquidiert und assim. Entschuldige: Hand wird unsicher!!

Σατάσπης.

Die Sache mit A.M. kannst Du Dir denken! Natürlich nur meinerseits!
terrible world!

* Mark, nicht Hiebe!

Postkarte, abgestempelt: ›Greiffenberg, 17.12.34‹
heilige Schriften: Die Manuskripte der Schmidt'schen Gedichte und des ›Sataspes‹ waren – aus ihm heute nicht mehr erinnerlichen Gründen – bei Heinz Jerofsky deponiert gewesen.

Lauban, 24.4.35.

Enrico!

Ich habe deinen Brief mit Kummer und Verständnis gelesen. »Der Menschheit ganzer Jammer faßt mich an.«

Auch ich, Enrico, war in Arkadien geboren und laufe nun in harten Schuhen umher, und wenn die inneren Lichter flackern – who should know but I? Und wenn auch die Dämmerung fällt, jene kurze, schwermütige Spanne zwischen Tag und Nacht –: wen verwundert es, wenn da Kaufleute und Fledermäuse ausfliegen? Wir schlechten Händler und guten Musikanten müssen immer eins sehen: etwas, dass ich die goldene Spur genannt habe. Siehe, ich verrate dir mein letztes Geheimnis: –

Und wenn ich den dümmsten Brief an irgendeinen Kunden schreibe, so brauche ich nur einem Buchstaben eine kleine Drehung mit der Feder zu geben, und er ist auf einmal ein Fisch geworden und schwänzelt davon und erinnert in einem Augenblick an Flüsse und Bäche, an den Ozean Homers und alles Kühle und Feuchte in der Welt. –

Ich pfeife leise die ersten Takte der kleinen Nachtmusik, und siehe, da ist das Zimmer verschwunden, und ich gehe in schwarzsamtnen Kniehosen langsam durch einen abendkühlen rauschenden Park, bunte Lampen hängen in den Bäumen, und auf einer dämmernden Wiese tanzen Damen in Reifröcken, drehen sich steif oder anmutig und immernoch zirpt die Musik, die altmodische Musik.

Oder ich denke an einen Vers Homers, wie er anschwillt und verebbt und stürmt und näher zieht und braust, und die Erde ist auf ein mal eine Scheibe geworden, schwimmend auf dem Okeanos – Symbol der Unendlichkeit – Sterne donnern auf die eherne Wölbung, den Schild des Achilleus, und dann kommt eine Stimme von weither, kalt und strahlend als spräche ein Marmorbild höchster Vollendung:

»Hell sind alle die Warten der Berg' und die zackigen Gipfel,

Täler auch; aber am Himmel zerteilt endlos sich der Äther!«

Da ist Vieles, die entzückenden altmodischen Ritterromane meines Lieblings Fouqué, die wunderlichen Märchen E.T.A. Hoffmanns, die weiten Bereiche der Weltgeschichte, Wandrer und Dichter, Lieder und Werke. Denn ich bin ein großer Zauberer! Dies ist meine Geschichte von der goldenen Spur; suchet, so werdet ihr finden!

Die Nächte sind warm geworden und laden zum Wandern ein, und zum Lesen beim offenen Fenster im gelben Lampenschein.

Die Gärten rauschen, wie die Bärte deiner Kollegen: Oh, Enrico, dass du bald das erlösende Gelächter lerntest! Und die Lust an der sommerlichen Nacht! Und die Lust am Dilettieren! Und die Kunst zu zaubern!

Dies wünscht DIR

Arno Schmidt

Ich erwarte dich am 4.5.

Zeitpunkt??

Brief A5, 4 S.

Herrn Heinz Jerofsky
Görlitz Jauernickerstr. 43.

Lauban, d. 20.7.35

Enrico!
Nach soeben über mich ergangener Musterung teile mit: 1 Jahr zurückgestellt, außerdem vorgesehen für Ersatz-

reserve II; also praktisch vom Wehrdienst befreit. – Commentar überflüssig! Du Glücklicher kannst also dem Vaterlande mit der Waffe dienen? Meinen Neid kannst du dir kaum vorstellen; die Engländer nennen meines Wissens derartig große Beträge Zero. Ich hatte vor, heute bei dir zu erscheinen, aber die Packer im Werk hatten ein Stapel Lodenstoffe so geschickt aufgebaut, dass er bei meiner Prüfung über mir zusammenbrach, wie weiland der bei gewissen Elementen sprichwörtlich gewordene Watschenbaum. Mein rechter Fuß ist davon pretty dick geworden, und gestattet mir nur die notwendigsten Schritte. Da ich bei dir eine ungeheuerliche Sehnsucht nach meinem Anblick voraussetze, erlaube ich mir hiermit Hrn. Henry Jerofsky, esquire, zum 3.8.35. zu einer Besäufnis von grösseren Proportionen einzuladen; falls Hr. J., esqu., nichts anderes vorhat, wird er gebeten, den darauffolgenden Sonntag zu einem Ausflug nach Goldentraum zu schenken

seinem wohlaffektionierten Freunde

Arno Schmidt.

Wenn du mal Thomae siehst, sage ihm: an Frontsoldatengeist in diesem säculum kein Vorrat!

Postkarte, abgestempelt ›Lauban 20.7.35‹

Thomae: Deutschlehrer Dr. Thomae war, laut Jerofsky, »mit Schmiß, von altem Schrot und Korn«. Mit ihm war der in Schmidts Funkessay »Der Waldbrand« geschilderte Ausflug nach Muskau unternommen worden.

Lauban, d. 22.11.

Heinz!

Ich schlug Mark Twain auf und las: »Wenn ein junger Dichter in 10 Jahren nicht berühmt geworden ist, so kann er dies als sicheres Zeichen ansehen, dass die Natur ihn zum Holzhacker bestimmt hat; wenn er nur ein Körnchen

Weisheit besitzt, wird er sich zurückziehen und mit Würde den ihm vom Schicksal angewiesenen Beruf ergreifen!

Ich schloss das Buch und sann lange nach; hätte dies Gerhard Hauptmann zu mir gesagt, würde ich es als Neid bezeichnet haben, aber M. Twain . . . . .? Du erhälst also »als Anlage« 4 Schwanengesänge übelster Sorte; ich werde lediglich noch an einer ungeheuerlichen Stoffsammlung (beachte die geniale Silbentrennung!) zum Epos »Die Perserkriege« arbeiten und theoretisch Versmasse herstellen zur Wiedergabe besonderer akustischer Effekte: Ruderschlag und Hufgetrappel, Schluckauf und Sodbrennen. Schwamm drüber.

Meinen herzlichen Glückwunsch zum narrow escape vom Krähwinkler Landsturm. Wünsche dir viel Freude an Musik und Wolkenzauber in der hellen Herbstnacht (schönster Anblick, den ich kenne, gemischt: Klarheit und Magie.) Lies: Samuel Taylor Coleridge: Frost at Midnight: Vollkommen.

Hätte ich einen Wunsch von einer Fee frei, ich würde ihn dir schenken, Enrico. Ich liebe dich

Schreibe! Arno Schmidt.

Brief auf herausgerissenem Oktavheft-Blatt (9,5 x 15,5 cm), 2S.; Datierung von H.J. durch den Zusatz ›1935‹ ergänzt.

Silbentrennung: Das Wort ›Stoffsammlung‹ ist, am Ende einer Zeile stehend, zwischen den beiden m abgetrennt.

Anlage: Vier Gedichte in Arno Schmidts Handschrift auf einem Oktavheft-Doppelbogen; siehe in diesem Band die Seiten 228–230.

An den Pionier Heinz Jerofsky
Glogau 2./Ri. 18

Lauban, d. 31.1.

Enrico!
Nimm meine besten Wünsche zu Deinem morgigen Geburtstag entgegen; ich wünsche Dir nicht viel Glück, sondern wenig Unglück. Es ist Deinem jetzigen Stande wohl angemessener. Langer Brief folgt in Kürze. Nur folgendes: Die Universität Göttingen hat einen Preis ausgeschrieben für 3 Teilung d. Winkels. Habe es gelöst + schicke es morgen ein. 100 000.– R.M. + Dr. h.c. winken.
Ich winke auch:

Arno.

Great in love with ante meridiem. O, mei!

Bildpostkarte (Rosenstrauß mit Aufdruck: Die besten Glückwünsche zum Geburtstage), abgestempelt: ›Lauban, 1.2.37‹

Enrico!
Ich habe oftmals gegrübelt, woher Dante die grandiosen Bilder zu seiner Hölle genommen hat; jetzt nach einem 23jährigen Leben weiss ich, dass sie auf 2 Eindrücke zurückzuführen sind: 2jährigen Pionierdienst in Glogau und Saisonarbeit in den Greiff-Werken. Steht über eurem Eingang auch: Lasst, die ihr eintretet, alle Hoffnung fahren? Leider lassen unsere Näherinnen nicht nur die Hoffnung fahren, eine Tatsache, die bestimmend auf Aroma und Akustik von Greiffenberg bis Wiesa einwirkt. Wenn ich die Tür zum Schreibmaschinenzimmer öffne, kann ich mir anhand des Geruches 11 deutlich von einanderter gesonderter weiblicher Monatsflüsse den Begriff der homerischen ›balsamischen Luft‹ veranschaulichen. Womit ich beim Thema wäre – liess noch einmal

den genialen Übergang – Dante – Pioniere – Darmgas (H_2S) – Homer – Alice –

1. Unterbrechung: Herr Schöngart ruft mich eben an; denn wir verdrehen in der Pause Wörter! z.B. Liebreiz ~ Leibriez; Mohstriezel ~ Strohmiezel. Eben hat er aus: Fiesco ~ so e fic gemacht.

Wo waren wir stehen geblieben? Ah! Alice! Es ist nicht viel zu sagen. Klein aber mein. Leben Sie glücklich? –– Wie heisst SIE: Murawski! Ihr Alter: auch Murawski (in Worten: 20 Jahre). Eine ganz ideale vertikale Liebe (meine Spezialität! Leider!) – Ich habe jetzt 100.– RM Gehalt und werde demnächst nach Greiffenberg siedeln als möblierter Herr! Warum? Das ist eine so trübe Geschichte, dass ich dich nicht damit langweilen will. Familiengeschichte, pfui Teufel. Meine sonstige Tätigkeit : streng wissenschaftlich. Habe einiges Geld mit Korrektur von Logarithmentafeln verdient. Wenn ich einen Teil meiner Bücher verschenke, kann ich einen Teil an deine Görlitzer Adresse schicken?

Du staunst? Es geht mir saumässig!

Arno

Brief 11 x 22 cm, 1 S., von H.J. auf 1937 datiert

An den Gefreiten Heinz Jerofsky
Glogau Stab Pi. 18

Enrico! jacta alea est! The rest is silence. Ich hoffe ja, dass du mich nun, zu Weihnachten endlich wieder einmal besuchen wirst – wenn du Urlaub erhältst. Meine Frau wird sich freuen, dich kennen zu lernen; das Klavier bringe aber gleich mit, denn ich habe ihr viel von deiner Meisterschaft berichtet. – Du willst evtl. 12 Jahre beim Kommiss bleiben? Thrun erzählte von fernen Zahlmeisteridealen u.s.w.? Ich stecke hündisch in Arbeiten, und Alice hilft mir, wo sie kann – honny soi qui mal y pense (id quod semper stat..) Wenn du nicht kommen kannst, schreibe mir, ob deine Adresse noch dieselbe ist, weil ich mehr von mir geben will. Schreibe, sobald du Zeit hast. Arno.

P.S. Weisst du etwa, was Lessing in Lauban zu tun hatte? etwa 1746? Ich bringe alle Stadtgeschichtsforscher in Unruhen. Salwe

Versprichst Du dir denn etwas von deiner Karriere? Offiziersrang kannst du mit dem Abitur wohl bekleiden, aber wann? Ich habe jetzt 150.– zu Weihnachten 100.– gekriegt. Und du?

Postkarte mit Absenderangabe: ›Arno Schmidt, Lauban i/Schles., Walkgasse 12‹, abgestempelt ›Lauban 22.12.37‹

An den Gefreiten Heinz Jerofsky
Glogau Stab Pi. 18

Enrico!
Die besten Wünsche für morgen! Möge Dir der Dienst leicht sein. Die Bilder von der Timur-See sind noch nicht fertig, weil immer noch 2 Bilder auf dem Film sind – ich sehe nichts der Linse würdiges.

Sonst gibt es nichts neues; die Zeit ist flach, wie ein Kuchenbrett. Wieder einmal einige Gedichte verzapft; werden nach erfolgter Läuterung anrollen.

Liege eifrig der Mathematik ob, ist ein gar schönes Studium. Lese eifrig Thukydides : De bello Pelop. – auch ein wirres Zeitalter.

Müsst ihr immer noch die Oder durchqueren, hin und her? Hoffentlich bleibt dir ein wenig Musse für litera-

Arno Schmidt 1936 in der Lausitz

Greiffenberg/Schles.den 27. Januar 1934

Lehr-Vertrag.

Zwischen der Firma Greiff-Werke AG. Greiffenberg/Schles. und

Frau Wwe Klara Schmidt, Lauban, Wolkgasse 12

ist heute folgender Vertrag abgeschlossen worden.

1.) Die Firma Greiff-Werke AG. nimmt

ihren Sohn Arno Schmidt, geb. 18. Januar 1914

vom 1. Februar 1934 bis 31. Januar 1937 als Lehrling an. Die Lehrzeit beträgt also drei Jahre.

2.) Die Firma Greiff-Werke AG. verpflichtet sich, den Lehrling während seiner Lehrzeit in allen kaufmännischen Arbeiten des Fabrikationsgeschäftes zu unterrichten, wie auch denselben zu einem anständigen und sittlichen Lebenswandel anzuhalten.

3.) Für Beköstigung, Wohnung, Bekleidung des Lehrlings während der Dauer der Lehrzeit hat der Vater oder dessen Stellvertreter zu sorgen.

4.) Die Firma zahlt dem Lehrling während der Dauer der Lehrzeit die tariflich festgesetzte Vergütung.

5.) Das Fortbildungsschulgeld zahlt die Firma Greiff-Werke AG. Die notwendigen Bücher etc. der Vater oder dessen Stellvertreter. Die Krankenkassen und Angestelltenversicherungsbeiträge trägt die Firma während der Dauer der Lehrzeit.

6.) Der Vater oder dessen Stellvertreter haftet während der Lehrzeit seines Sohnes für Schaden und Verluste, die in vorsätzlicher oder unredlicher Weise oder durch grobe Vernachlässigung der Firma verursacht werden.

7.) Jedem der Vertragschließenden ist der Rücktritt von dem Lehrvertrage innerhalb drei Monaten nach Beginn der Lehrzeit gestattet.

Beide Teile sind mit dem Inhalt des umstehenden Lehrvertrages einverstanden und genehmigen denselben nachstehend durch ihre eigenhändige Unterschrift.

Greiffenberg/Schles. den 27. Januar 1936

Der Lehrherr:
GREIFF-WERKE AG.
[illegible]

Der Vater oder gesetzliche Vertreter des Lehrlings:
Clara Schmidt

der Lehrling:
[illegible]

GREIFF-WERKE AG.

STAMMHAUS
EIGENE
SPINNEREI
WEBEREIEN
BLEICHE · FÄRBEREI
IMPRÄGNIER-ANSTALT
NEUZEITLICHE
BEKLEIDUNGSWERKE

GREIFF

GEGRÜNDET 1802
FERNSPRECHER: SAMMEL-NR. 444
DRAHTANSCHRIFT: GREIFFWERKE
GREIFFENBERGSCHLES.
REICHSBANK-GIRO-KONTO LAUBAN
DEUTSCHE BANK, DEP.-KASSE LAUBAN
POSTSCHECKKONTO: BRESLAU 481

GRÖSSTE BERUFSKLEIDERFABRIK DES OSTENS

GREIFFENBERG
/ SCHLESIEN

IHR ZEICHEN	IHRE NACHRICHT VOM	UNSER ZEICHEN (Bei Antwort angeben)	TAG
			31. Januar 1937

L e h r z e u g n i s .

Herr Arno S c h m i d t , geboren am 18. Januar 1914 in Hamburg, war vom 1. Februar 1934 bis zum 31. Januar 1937 als kaufmännischer Lehrling in unserem Hause tätig.

Durch praktisches Mitarbeitenlassen in den verschiedenen Abteilungen unseres Unternehmens, Postablage, Vorrechnen der Rechnungen und Rechnungskontrolle, Stückwarenlager, Lohnbuchhaltung usw. konnte sich Herr Schmidt die für seinen Beruf nötigen Kenntnisse aneignen.

Durch leichte Auffassungsgabe hat sich Herr Schmidt in alle Arbeitsgebiete schnell und gut eingearbeitet, so daß wir ihn als tüchtigen und zuverlässigen Mitarbeiter kennen und schätzen gelernt haben. Ganz besonders hervorzuheben ist seine große geistige Regsamkeit, die es auch ermöglicht hat, ihn mit Aufgaben zu betrauen, die über den Rahmen der für sonstige kaufmännische Lehrlinge üblichen Arbeiten hinausgingen. Er war stets willig und fleißig, auch sein persönliches Verhalten war immer einwandfrei.

Im Anschluß an seine Lehrzeit bleibt Herr Schmidt als kaufmännischer Angestellter in unserem Hause.

GREIFF-WERKE AG.

GREIFF-WERKE AG.

STAMMHAUS

EIGENE
SPINNEREI
WEBEREIEN
BLEICHE · FÄRBEREI
IMPRÄGNIER-ANSTALT
NEUZEITLICHE KON-
FEKTIONSBETRIEBE

GEGRÜNDET 1802

FERNSPRECHER: SAMMEL-NR. 444
DRAHTANSCHRIFT: GREIFFWERKE
GREIFFENBERGSCHLES.
REICHSBANK-GIRO-KONTO LAUBAN
DEUTSCHE BANK U. DISCONTO-GES.
DEPOSITENKASSE LAUBAN, LAUBAN
POSTSCHECKKONTO: BRESLAU 481

GRÖSSTE BERUFSKLEIDERFABRIK DES OSTENS

GREIFFENBERG
/SCHLESIEN

IHR ZEICHEN · IHRE NACHRICHT VOM · UNSER ZEICHEN (Bei Antwort angeben) · TAG

19. August 1937

Z e u g n i s .

Fräulein Alice M u r a w s k i , geboren am 24.Juni 1916 in Greiffenberg/Schles., war vom 15. Februar 1934 bis heute bei uns tätig.

Sie wurde nacheinander in unserer Versandabteilung mit dem Ausstellen von Rechnungen, in der Auftragsbearbeitung mit dem Ausschreiben der Bestätigungen und mit besonderen statistischen Arbeiten beschäftigt. Zeitweise hatte sie auch Briefwechsel nach Diktat zu erledigen.

Im letzten Jahre wurde Fräulein Murawski die Abfertigung der ausgehenden Post übertragen. Sie hatte dabei eine größere Anzahl von Lehrlingen zu beaufsichtigen und anzuleiten.

Fräulein Murawski hat sich mit ihrer guten Auffassungsgabe an allen Stellen bewährt und uns mit ihren Leistungen zufriedengestellt. Ihr persönliches Verhalten war stets einwandfrei.

Sie verläßt unser Haus heute, um sich zu verheiraten. Für ihren ferneren Lebensweg wünschen wir ihr alles Gute.

GREIFF-WERKE AG.

Häussermann

Arno und Alice Schmidt, undatiert

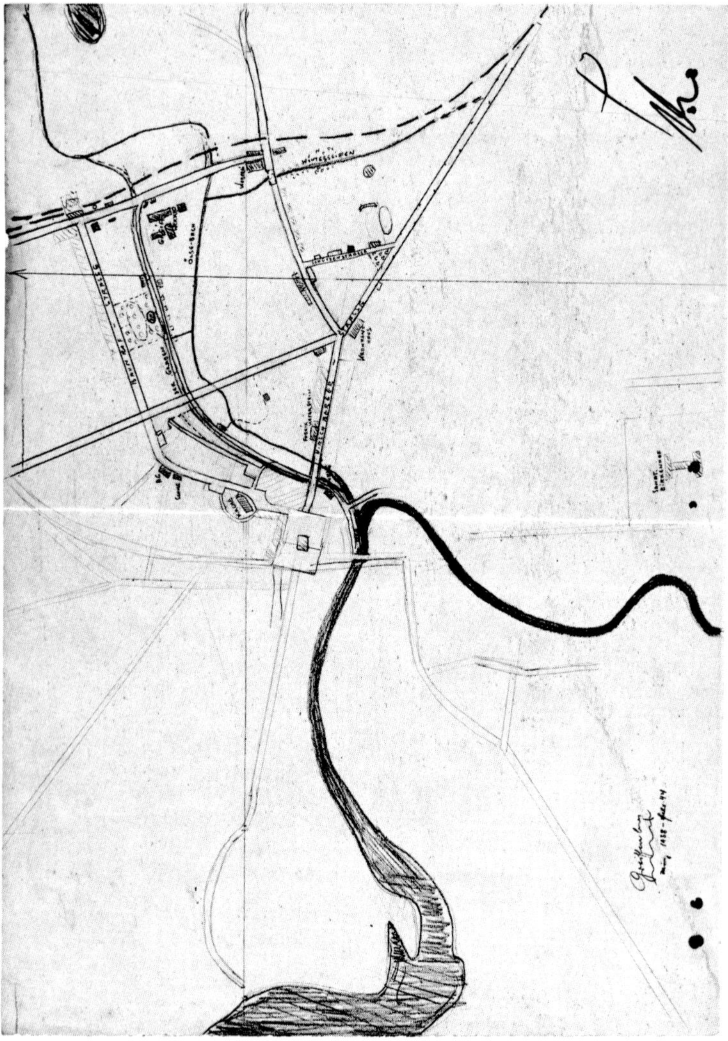

Kartenskizze Arno Schmidts
von Greiffenberg

Rückseite des Hauses Schützenstraße 4 in Greiffenberg,
Arno und Alice Schmidts Wohnung
im 1. Stock rechts.

Aus einem Prospekt der Greiff-Werke;
das Haus in der Schützenstraße 4 durch einen Pfeil
gekennzeichnet.

rische Studien. Empfehle dir Schopenhauer; die Welt als Vorstellung ist zuweilen ein trefflicher Trost – falls du einmal eines solchen bedarfst.

Habe von meiner Frau eine grosse Kunstgeschichte zum Geburtstage bekommen und erschliesse mir ein ganz neues Gebiet der Betrachtung. Griechische Architektur! – Fein, Fein.

Noch einmal : Alles Glück!

Schreib mal wieder! Arno.

Postkarte, abgestempelt ›Lauban, 1.2.38‹

An den Gefreiten Heinz Jerofsky
Glogau Stab. Pi 18.

Enrico!
Wohne ab 1.3.38 in
Greiffenberg i/Schles.
Schützenstrasse 4.
Bei Besuchen also nicht mehr nach Lauban kommen. Habe ein wenig Geld bekommen, und will versuchen, Ende dieses Jahres nach Italien oder London zu fahren. Falls du Interesse an Mitbringseln hast, schreibe mir, und ich werde sehen, was sich tun lässt.

Hat sich in Bezug auf deinen Beruf die Lage schon etwas geklärt? Hast du am 24. Jan. dass grosse Nordlicht beobachten können? War eine Lust, sage ich dir! Brief aus der neuen Wohnung folgt. Viel Glück

Dein Arno.

Postkarte, abgestempelt ›Greiffenberg 22.2.38‹

An den Zahlmeister Heinz Jerofsky
Feldpost-Nr. 20 373

15.4.40

Lieber Heinz!
Bin auch wieder mal eingezogen; meine Adresse siehst Du umseitig. Ich traf neulich mal Deinen Bruder, der mir sagte, daß Du irgendwo in Österreich wärst. Aber es freut mich wirklich, dass du wieder, wenigstens per Post, erreichbar bist. Bist Du noch immer unbeweibt, oder auch schon kriegsgetraut? Ich kann es Dir nur empfehlen – Home, sweet home! Aber allerdings, wenn Du ein solches Nomadenleben führen musst, von Kaserne zu Kaserne, dann ist es vielleicht auch nicht das Richtige. Also schreibe mal Näheres, dass wir wieder in Fluss kommen. Viele Grüsse

Dein Arno.

Postkarte mit Absenderangabe: ›Kan. Arno Schmidt, 1. Battr. le. Art. Ers. Abt. 221, *Hirschberg,* Arras-Kaserne‹, abgestempelt ›Hirschberg (Riesengeb)‹

26.5.40

Ach, Heinz!
Weiss Gott, die Silberschnur um die Mütze, und einen Bart lässt Du Dir auch stehen ! Ja, ja : es bleibt einem nichts erspart; a great and terrible beard. Und eine Reitgerte unter dem Arm ? Welches Frauenherz kann da widerstehen? Wie singt doch Leporello im Don Giovanni : »Aber in Spanien sind's 1003 ...« Wie haben wir gleich auf der Schulbank immer πολυτροπον polytropon übersetzt ? Ach, Enrico, ich habe mich wirklich diebisch über dein Porträt gefreut ! Also Sterne willst Du ? Ich wünsche Dir, so viel Du willst; mögen alle Konstellationen auf deine Schultern fallen, vom grossen Bären an bis zur – Jungfrau. Nur hüte dich vor den Zwillingen.

Also du ziehst noch immer die Wadenlinie vor; wenigstens der Maginot-Linie würde ich dich bitten. Aber du bist kämpferisch gesinnt und hast (bitte nur im geistigen übertragenen Sinne) die Franzosenkrankheit. Willst das Deine Geliebte dir schmeichelt:

»Heinzi, wie viel hast du heut früh hingemacht (doppelsinnig!) oder gemetztelt?«

Er: (mürrisch) »gebt meinem Roß zu saufen!«
und nach einer Pause: Stücker 6, Stücker 6 ! – Pfui über dies stille Leben, ich muss zu tun haben!«
(Frei nach Shakespeare) –

Aber: Dein Wille geschehe; mögest Du bald auch bei moulin rouge Sige davon tragen oder bei Anna Boleyn landen. (His eye was on the inchcape-rock ——)

Ich sitze in einer Schreibstube; bin zwar als Dolmetscher vorgeschlagen, aber Vorschläge beim Militär —— ! Entre nous soit dit : ich würde lieber den Wissenschaften obliegen; womit wir endlich beim Thema wären : Was treiben Herr Leutnant während seiner Mussestunden? Wohl nur noch »Reitvorschriften« und Ovids : ars amandi (ein prächtiges Potpourri nebenbei) oder bleibt dir noch Zeit und Lust für schwerere Sachen, Ganghofer und so ?! Ich bin seit einigen Jahren so weit, dass die deutsche Literatur für mich mit Stifter und Storm aufhört – (Das Radio nudelt unaufhörlich, Wagner: »Walkürenritt! Frage: War Cosima wirklich so stark?) –

Also Du meinst beim Kriege handele es sich nur noch um Sekunden ? Hm, schon recht. Ist ja alles nur Schein. Falls wir uns in einigen - Sekunden, mal sehen sollten, werde ich Dir voller Stolz meine Bücherei vorführen. Wundersame Dinge darin, alte Sachen, 1600, 1700, eine Rechenmaschine für den Mathematikus (Nebenbei : wichtigste Dinge in der Zahlentheorie entdeckt !) Kurzum, »mit Pergamenten vollgepfropft, Urväterhausrat drein gestopft ––.« Wenn ich irgend ein altes Buch sehe, geht's mit mir durch. Ich war immer ein grosser Virtuose in Träumen : Oft bin ich ganze Nächte in Antiquariaten und stöbere in den wundersamsten alten Bänden herum, lese aus den meisten und weiss (auch im Tagesbewusstsein) alles, was ich dort las. Neulich fiel mir auf diese Weise eine entzückende Faust-Ausgabe in die Hände mit vielen neuen Gestalten, Hektor und Andromache, die Verse sprachen, viel zu schön zum Aufschreiben. – Also Du siehst, ich ziehe ein schönes Stück Narr in mir gross; Spitzweg. Aber die Zeit der Originale darf nicht mehr sein; kannst Du Dir heute noch ein lebendiges Original denken (politische Leiter natürlich ausgenommen) ?

Tiefe Traurigkeit ergreift mich – schreib bald wieder !

Arno !

Brief A5, 4 S.; mit Umschlag, Aufschrift vorn: »*Feldpost!* An den Zahlmeister Heinz Jerofsky *Feldpost-Nr. 20373.«;* Aufschrift hinten: »Kan. Arno Schmidt; Hirschberg/Rsgb. 1./le. Art.Ers.Abt. 221 Arras-Kaserne«; abgestempelt: ›Hirschberg (Riesengeb) 27.5.40‹

Hirschberg, den 3.7.40.

Lieber Heinz !

Also Du bewegst Dich mit dem Dir unterstellten Mob in der Richtung auf Frankreich; oder schlummerst Du gar schon sous les toits de Paris ? Sei bei dem Frontalangriff auf moulin rouge vorsichtig; auch das Deutschland nach dem Kriege braucht Zahlmeister. (Wie die Madame d'Artagnan zu ihrem Sohne sagte: Si vous ne creignez pas Dieu, creignez la rérole [rérole = Syphilis]) Amüsante Formulierung : Wir Deutsche fürchten la rérole und sonst nichts auf der Welt.

Hoffentlich kannst Du Dich in Frankreich ergehen, in die Museen laufen, Kathedralen bewundern, Beute machen und Folklore studieren (Folklore ! – Unser Stabsarzt sagt bei seinen Vorträgen immer : Pimpologie und Meesik!) Aber genug des faunischen Ton's. Höre : es soll in der Bibliothek des Louvre noch 2 vollständige Exemplare von Alex. v. Humboldts : Voyage aux régions équinoxiales.... geben ! Kannst Du Dich nicht dort einquartieren lassen? Wenn Du billig kaufen kannst : ich interessiere mich noch (wie bescheiden!) für :

1.) Honoré d'Urffée: L'Astrée (Ausgaben ab 1620)

2.) Grosier: Histoire de la Chine 12 Bde in 4° 1790.

Ausserdem für alle ältere Literature vor 1800. Grosskalibrige Bände bevorzugt. Zusendung per Nachnahme erbeten. Ich habe heute einen Brief aus Nantes gelesen, wo das Glas Bier 5 Pfennig kostet; da müsste man Bücher kaufen können, mon Dieu! (So nützt die innere Front den deutschen Sig aus, was!) Also im Ernst : falls Du zufällig von dem oben genannten etwas findest, erbitte ich Bericht. – Aber vielleicht bist Du gar nicht en France?! – Mir bricht das Herz! Lebe wohl

Arno

Brief A5 quer, 2 S.; mit Umschlag, Adr. u. Abs. wie voriger Brief; abgestempelt: ›Hirschberg (Riesengeb) 4.7.40‹

Brief an Rosa Junge

VON ALICE SCHMIDT

Gr, den 19. August 1938

Meine liebe Rosel!

Diese eine Stunde des stürmischen aber sonnigen Sommernachmittages soll Dir gehören. Weißt Du, ich hab' heut fast bis zu Mittag teils im Schlaf, teils im Halbschlaf gelegen; bin immer noch ein wenig benommen u. etwas schlaff von der Reise. Am Nachmittag hab' ich dann ein Buch zu Ende gelesen über welches mir Arno die Entscheidung ließ, ob es in unserer Bücherei verbleiben soll oder nicht. Unsere Bücher sollen an Zahl nicht mehr, aber immer ausgewählter werden, sodaß nur das Beste übrigbleibt bzw. hinzukommt. Schon schöne Fortschritte haben wir in dem Jahre gemacht. – Ja am 25. ist's ein Jahr. –

Hab Dank für Deinen Brief, Rosel. Ja, besuchen konnten wir Dich nicht, weil uns unser Urlaubsziel über Berlin führte u. wir gerade so knapp mit der Zeit herumkamen; denn Arno hat ja nur 6 Tage Urlaub u. einen dazubekommen. Nun will ich Dir unsere ganze Reise schildern. Ich weiß, Du wirst Dich darüber freuen. Bist ja nicht wie die anderen, die nur neidisch sein können. Bist doch meine einzige Freundin. Du weißt, ich könnte viele haben. Mag aber weiter keine. So höre:

Ich schrieb Dir doch schon, daß nach dem Hausverkauf meine Schwiegerm. Arno etwas Geld zur Bestreitung d. Umzuges u. Anschaffung des Fehlenden gegeben hat. Dabei waren auch 500 M für eine Reise. Wir entschieden uns für eine 6tägige Dampferfahrt mit der Hamburg-Südamerikanischen Dampfschifffahrtsgesellschaft nach London:

Am 7.8. Sonntags 6 Uhr abends konntest Du in unserem alten Stammlokal (falls vergessen: Wartesaal 2. Kl. Bahnhof) 2 reisefrohe Menschen sitzen sehen u. einen

3.: klein Werner; ein wenig neidisch wie's zu verstehen ist. Es war auch viel Unruhe in den Tagen vorher. Die überaus ernste politische Lage; Angst vor Militärbeorderung usw. Und nun endlich waren wir so weit. Mit uns rast der Zug durch die Nacht. Berlin. 7 Stunden Aufenthalt. Was tun? Trotzdem wir vorgeschlafen hatten, fühlten wir doch, daß der morgige Tag sehr anstrengend werden würde. Und, würden wir übernächtigt dem Zauber des Fliegens uns so recht hingeben können? Also schnell ein Zimmer für den Rest der Nacht gesucht. Im 2. Hotel war eins frei. Es sah sehr nett aus. – Und schon waren wir im Banne des Schlafs. – 5 Uhr Wecken. Hastiges Anziehen u. über den Platz zur U-Bahn Station. Vieles Umsteigen. Endlich Flughafen Tempelhof. Wieder strahlende Tageshelle. ½ 7. Aber zur Flughalle sind noch ¾ Std. zu Fuß u. keine Verkehrsmöglichkeit außer Taxe. Aber wo eine schnell finden? Und Arno stöhnt unter dem Gewicht der Koffer usw. 7^{10} startet das Flugzeug. Da, eine Taxe! – Besetzt! Wieder eine! : Besetzt. So geht's wohl 10 Mal. Wir stehen halb verzweifelt an der Ecke, rühren uns nicht und die Zeit rinnt. Da, endlich! Jetzt kommt eine leer zurück. 2, 3, fast alle 10 hintereinander. Gerettet! – Matrosen der Lufthansa öffnen den Wagenschlag, holen den Koffer heraus. Flugrichtung? : Hamburg! Der Koffer ist übergeben. Noch ¼ Std. Zeit! Menschenhasten, Stimmengewirr, Flugzeuggeratter Vornehmheit ringsherum. Wir mittendrin. 1 Woche lang gehören wir dazu. Werden wir dazu gerechnet. In dem großen Speisesaal nehmen wir etwas zu uns. Kaffee, Zwieback u. eisgekühlte Milch u. 1 Banane. 1 Flugzeug nach dem anderen erhebt sich. Prag, Budapest, München, Wien so gehts in bunter Kette. Jetzt sind wir an der Reihe. Schon sitzen wir in den weichen Ledersesseln. Ich rechts,

Arno links, in der Mitte ein Gang, nur an jeder Seite eine Sesselreihe. Ca. 10 sind besetzt. 16 faßte das Flugzeug. Motorengerassel u. kaum merkliches Steigen. Nur das immer weiterrückende Land unter uns verrät es. Und jetzt segeln wir frei in den Lüften dahin. Wie Nils Holgersen fühlte ich mich als Äcker u. Wiesen zu kleinen winzigen Vierecken zusammenschrumpften u. alles krumme geradlinig wurde u. Dörfer so klein, daß sie Platz in einer Streichholzschachtel hätten haben können. 1100 m hielten wir eine lange Zeit. Und blauer Himmel u. Sonnenschein u. grüne Wälder. Herrlich war das Gefühl des hoch oben Schwebens. 1 Std. 10 min. dauerte diese Lust. – Rosel, weißt Du noch, es war ja auch unser beider Traum einmal zu fliegen. Weißt Du noch, damals als ich so verzweifelt war u. glaubte, Deine Freundschaft werde mir immer alles sein müssen. Und nun hab' ich den Liebsten und so viel Schönes Äußerliches außerdem. Rosel ich kann nichts dafür, es fiel mir alles in den Schoß, habe nur zugefaßt, vielleicht daß nicht einmal. Du freust Dich mit mir, ja? Hab ja auch jahrelang vorher ringen u. kämpfen müssen. Du weißt's ja! –

In Hamburg brachte uns der eigene Wagen der Lufthansa zum Alsterpavilon. Über dicke, jeden Tritt einsaugende Teppiche gelangten wir zu einem langen Balkon über der Alster, von Blumen umkränzt. Schinken bzw. Käsestullen u. Orangeade bzw. Bier waren unser 2. Frühstück. Eine Taxe führte uns zum Hauptbahnhof wo unser Koffer dem Hamburg-Süd-Linien Büro übergeben wurde. Dann gings ins Prä-Historische Museum. Da es noch geschl. war, schwangen wir uns auf eine Elektrische u. nun gings Arnos Heimat zu. In seinem Geburtshaus fanden wir noch eine alte Dame, die schon dort wohnte, als Arno geboren wurde. Alte Erinnerungen tauschten sie. Dann fuhren wir wieder zurück, an seinem Gymnasium vorbei zum Museum. Das interessanteste war ein riesiges Walfischskelet. – Ein reichlich u. schönes Mittagessen stärkte uns zu neuen Taten. – Eben sehe ich mit riesigen Schritten Arno sich nahen. Ein anderes Mal mehr. Auf wiedersehen.

21.10. 13^{25}

Warte mal, was gab es schnell in dem Hamburger Restaurant zu mittag. Ach ja. Kalbshirn, Kartoffeln, Spiegeleier, Gemüse, Eis u. vorher Kaltschale. – Wir wollten dann zur Kunsthalle; war aber schon geschlossen. Es war furchtbar heiß – und wir (bzw. Arno) hatten doch Mäntel u. Hüte zu tragen. Arno schlug nun vor, Richtung Hafen einzuschlagen. So suchten wir uns die Schattenseiten der Häuser aus u. schländerten, ab u. zu Schaufenster oder Sonstiges Sehenswertes betrachtend, dahin. In ein Kaufhaus (ich weiß nicht mehr welches) gingen wir auch u. nahmen eine kl. Erfrischung zu uns. – Jetzt ging's eine Hafenstraße entlang. Ein besonders großes 2 Schornsteiniges schneeweißes Schiff an der Überseebrücke fiel uns schon von großer Weite auf. Die Schornsteine gelb mit breiten roten Streifen am Ende u. an jeder Seite eine schräge Kette mit Wimpeln aller Nationalitäten. »Arno, paß auf, das ist unser Schiff« sagte ich zu meinem Mann. Er wollte es aber durchaus nicht glauben, bis wir näher kamen. Da konnte ich aber bereits das Wort: »Monte« lesen. Und, tatsächlich, es war die »Monte Pascoal«, unser Schiff. Wie unsere Herzen vor Freude klopften! Wir sahen auch bereits sich Menschen in Zivilkleidung an der Reeling bewegen. Mein Mann machte mich darauf aufmerksam u. sagte: Da gehen wir auch hin. Meinen Einwand, daß doch Einschiffung erst um ½7 u. die

Menschen vielleicht Stewards usw. wären, glaubte er nicht. Und als wir vor der heruntergelassenen Treppe standen u. uns eben einigen hinaufschreitenden Zivilisten anschließen wollten, wurden wir von einem alten Seebären zurückgehalten u. auf den Einschiffungszeitpunkt verwiesen. (Wie wir später erfuhren, waren die Zivilpersonen Engländer u. Stewards in Zivil, denn der Dampfer war ja schon 1 ½ Tage da u. hatte 300 Engländer an Bord die sich Hamburg ansehen wollten u. also auf der Rückreise begriffen waren u. für die Liegezeit in Hamburg hatten die meisten Stewards Urlaub. Das konnten wir alles Anfangs natürlich nicht wissen.) So promenierten wir also am Hafen entlang. Sehr interessant war es da. Bloß nirgends ein freier Platz. Alles, selbst Fässer dichtbesetzt. Und uns taten die Füße schon sehr weh. Warum wir in kein Lokal gingen? Wir hatten kaum noch einige Pfennige Geld. Die Sache ist doch so. Wegen des Divisengesetzes darf man doch nur pro Person 10 M Hartgeld ins Ausland nehmen. D.h. man bekommt dafür Engl. Geld. Und für den Verbrauch an Bord mußten wir uns schon vorher Bordreiseschecks besorgen. Nun hatten wir, unerfahren wie wir nun einmal waren, das restl. Bargeld bereits am Vormittag, d.h. bis jetzt gegen 3 Uhr ausgegeben. Und nun waren noch 4 Std. Und die Sonne brannte unbarmherzig u. die Füsse, ach! – Nun kennst Du vielleicht Arno soweit, daß Du Dir denken kannst, daß er nun anfing, ungeduldig zu werden u. zu brummen, u. die ganze Reise, die doch bis jetzt wirklich schön war, zu bereuen, zumal er sie überhaupt nur mir zuliebe gemacht hat. Eine Aussicht auf Rettung bot das einige hundert Meter entfernte auf einer Anhöhe liegende Bismarckdenkmal mit seinem Park. Aber auch hier alle Bänke besetzt. Nur ganz oben eine in greller Sonne stehend ohne

Alice Murawski mit ihrem Bruder Werner
im August 1939

Alice Schmidt (oben vermutlich im Laubaner Haus; unten in der Greiffenberger Wohnung)

Arno und Alice Schmidt
in ihrer Greiffenberger Wohnung

Arno und Alice Schmidt beim Schachspiel;
oben in der Greiffenberger,
rechts in der Laubaner Wohnung.

Weihnachten 1937 in Lauban;
oben: Arno und Alice Schmidt,
Foto von Heinz Jerofsky;
unten: Arno Schmidt und Heinz Jerofsky,
Foto von Alice Schmidt (s.S. 49).

Rückenlehne (damit man ja nicht etwa zu bequem sitzt) frei. Aber da wir uns bereits kaum noch aufrecht halten konnten, mußten wir obendrein noch froh sein. Fast 2 Std. haben wir dort gesessen. Ab u. zu in unserer dünnen Lederausgabe v. Eichendorffs »Taugenichts« lesend (was unsere traditionelle Reiselektüre geworden ist) und die Minuten zählend. Arno konnte es endlich vor Durst kaum noch aushalten. So gingen wir in einen Verkaufsraum am Hafen. Wir hatten ungefähr noch 50 Pfg. u. es gab dort nur Apfelsaft. So bestellte er ein Glas. Und um mehr Flüssigkeit zu erhalten, erbat er noch ein Glas Wasser (»weil seiner Frau nicht gut wäre.«) Mit sichtlichem Widerwillen bekam er endlich sein kl. Glas Wasser (½ so viel wie in ein gewöhnl. Wasserglas geht) Und trotzdem der arme gute Junge so von Durst geplagt wurde, ich dagegen kaum welchen verspürte, weigerte er sich zu trinken, bis ich vom Apfelsaft genommen hätte. – Auf der eine Treppe höher liegenden Promenade fanden wir noch freie Plätze. Hier war es viel schöner als unten, wurde aber mehr gemieden, weil es sehr zugig war. War aber gerade schön erfrischend. Hier war es schon eher auszuhalten. Um kurz vor 6 machten wir uns aber auf den Weg zum Dampfer.

Schon von weitem sahen wir viele mit Koffern bepackte Menschen die Überseebrücke passieren u. weißjackige Stewards geschäftig hin u. hereilen. Da unser Gepäck schon am Vormittag am Büro der Hamburg-Süd abgegeben war, wurden wir nur nach dem Geld kontrolliert u. den Fahrscheinen und konnten passieren. Das erste, was ich wahrnahm, war, ein riesiger Halbkreis v. dicht neben u. hintereinander stehenden Stewards. »Kabine 28!« rief der Kontrolleur u. schon eilte einer der Weißjacken auf uns zu und über Treppen u. schier endlose Gänge mit vielen weißen Türen gelangten wir in unsere Kabine unter die Obhut des Stewards Schmidt. – Nun muß ich etwas einschieben. Ich nehme an, daß Du genau so viel Ahnung von dem Inneren eines großen Schiffes hast, wie ich es vorher hatte. Nämlich: keine. So will ich Dir kurz einiges zu erklären versuchen:

Die Hamburg-Süd fährt, genau wie die Konkurrenzlinie, die Hapag, mit Klassendampfern. Der beste u. teuerste Teil ist das Bootsdeck. Dann folgen A + B Deck u. dann Zwischendeck. Nun gibt es 2, 3 u. vierbettige Kabinen u. Außen u. Innenkabinen. Außenkabinen sind natürlich wegen des Fensters teurer. Dagegen sind vierbettig belegte Kabinen billiger als 2 Bettige. Wer sich keine Kabine leisten kann, hat die Möglichkeit, in einer der vielen nach Geschlechtern geteilten mindestens 8 Bettigen Außenkammern auf dem Vorder- oder Hinterschiff zu wohnen. Und dann kommen noch die großen Schlafsäle des Zwischendecks in Frage mit je 80 Betten. Das betrifft aber dann nur das Wohnen bzw. Schlafen. In der Verpflegung dagegen wird kein Unterschied gemacht.

Wir hatten eine 2 bettige Innenkabine auf dem Bootsdeck. Unser Koffer stand schon darin. Beschreibung: Die Wände mit elfenbein Lackfarbe bestrichen. 2 Betten übereinander. Die schimmernden weißen Bezüge schnurgerade gelegt. Dunkelbraunes Wandbrett, dkl. braun Steigeleiter, kl. Gepäcknetz über jedem Bett. Kleiderhaken, in der Wand angebrachtes Waschbecken m. warmem u. kaltem Wasser, Spiegel, herausziehbares br. Brett u. Kabinenschrank. An der Decke angebracht: Korkwesten u. 1 Ventilator. Wunderbar sauber alles. Sehr eng, wie alle Kabinen, aber vollkommen ausreichend. Und schöne Harmonie in der Farbe. Weiß- bis Elfenbein und dunkelbraun.

25.10.38. // Nachdem die Mäntel abgelegt u. wir ein wenig erfrischt waren, ging es gleich hinaus zur Reeling. Das Abfahren des Schiffes mußte doch gesehen werden! – Eine Menge Menschen hatten sich an u. auf der Überseebrücke versammelt. Es war schon sehr dämmrig. Schön sah es aus wie sich die Lichter der Werften in der Elbe spiegelten und ringsherum das in Lichtern auferstehende Hamburg. Langsam langten bereits die Lotsenboote an (Schlepper) 21^{00} Uhr. Ein langer, unendlich tiefer, schütternder Ton – und noch einmal – u. noch einmal. Unsere Sirene hatte das Abfahrtszeichen gegeben. Die Schlepper zogen an und ganz langsam bewegten wir uns Elbeabwärts. Da, schon ganz in der Dämmerung verschwimmend das Bismarkdenkmal u. da, die Seewarte. Aber es wurde sichtlich dunkler. Nach Stunden erst soll Cuxhaven erreicht werden. Also werden wir es heute nicht sehen. Nach dem Abendbrot blieben wir noch lange an Deck u. versuchtens dann mit unseren Betten. Es schlief sich wirklich prächtig.

Trompetensignale »Wacht auf ihr Schläfer« weckten uns. Ein unendlich seeliges Gefühl erfüllte uns. Wir machten uns fertig zum Frühstück. Ab heute soll es Tischkarten geben u. der Platz muß immer eingehalten werden. (Alle Passagiere wurden – nach Wahl – in 2 Gruppen für die Mahlzeiten eingeteilt. Frühstück hatte die 1. Gruppe v. 7–8 u. die 2. v. 8–9. Wir wählten die 2. Und gingen nach dem Trompetenstoß in den hinteren großen Speisesaal. Daß alles furchtbar elegant eingerichtet war, brauche ich Dir wohl nicht erst zu schreiben. Und das Essen erst! Als geistige Kostprobe werde ich Dir mal einen Speisezettel (ich hab meinen vor mir liegen) abschreiben. Also höre u. staune:

»Sonnabend, 18.8.38.«

Speisenfolge.

1. *Frühstück.* I.P. 7–8, II.P. 8–9
Frucht: Apfelsinen – Backpflaumen
Kaffee – Koffeinfreier Kaffee »Hag« – Tee – Milch – Mate
Pflaumen-Marmelade
Gekochte Eier – Spiegeleier
Reisgrieß in Milch, Haferschleim
Brötchen, Brot, Butter

2. *Frühstück:* I. P. 11^{30} II P. 12^{30} Uhr
Kalbsfrikassee m. Sellerie – Reis
Pilchards in Tomaten
Grobe Mettwurst – Leberkäse – Braunschw. Wurst,
Butter – Edamer u. Limburger Schmelzkäse – Tee
Brötchen, Brot

Nachmittags I.P. 16, II. P. 16^{30} Uhr
Schokolade
Kaffee – Koffeinfreier Kaffee »Hag« – Tee – Mate
Apfelschnitte m. Sahne, Sandtorte

Hauptmahlzeit. I. P. 19 II. P. 20 Uhr
Gemüserahmsuppe
Bickbeerenkaltschale m. Zwieback
Gebratenes Kücken – Leipziger Allerlei – Kartoffeln
Maraschino. Eier-Waffeln
Kaffee

Tafelmusik:

1. »Masuren-Marsch« v. Onheit, 2. »Ballsirenenwalzer« v. Lehar 3. »Dreimädelhaus« v. Schubert-Berté, 4. »Ständchen« v. Heykens.

Ich habe nur irgendeinen Speisezettel herausgegriffen. Jeden Tag natürlich was anderes! Und von jedem soviel wie wir nur wollten. Wenn wir überhaupt noch imstande waren, die Hauptmahlzeit zu verputzen, waren wir aber auch hinterher »schachmatt«. Gell, da läuft einem schon beim bloßen Lesen das Wasser im Munde zusammen. Und wie's erst geschmeckt hat! –

Ja, ich hab' ja ganz vergessen. Das Wecken war um 6 Uhr. Da mußten wir doch gleich nach der nötigsten Toilette hinaus an die Reeling. Wahrhaftig, wir waren auf offener See. Strahlend blauer Himmel und Sonnenschein u. ringsherum Wasser u. so ruhige See. Kaum eine Woge. Nur unsrer Schiffsbahn weißer Schaum. Wir hatten uns natürlich Liegestühle gemietet u. an einem sehr netten Platz, gleich bei unserer Tür, aufgestellt. Das war ein herrlicher Tag. Ab und zu, sogar ziemlich oft, ein vorübersegelndes Frachtschiff oder Dampfer oder auch von uns überholte Schiffe. Bis zur Ankunft in Cuxhaven ist uns kein Schiff begegnet das ebensogroß, geschweige denn größer als unseres gewesen wäre. Auch im Londoner Hafen war keines. Mit jedem größeren Dampfer wurden Siegnale gewechselt. So verging der Tag. Es war eine richtige Erholung. – Furchtbar gelacht habe ich ja über den Arno. Er war ganz hin, als er die vielen, Gesichter und Fingernägel angemalten Damen, sah. Daß es so etwas in so reichlichem Maße gibt, hatte er wohl gar nicht gedacht. Er prägte dann auch einen markanten Ausspruch, über den Du sicher sehr lachen wirst: »Wandelnde, übertünchte Gräber mit Freskomalerei« – das ist doch gut, gell? –

Am nächsten Morgen wurden wir vom Heulen der Sirene u. einem ungewöhnlich lauten hin- u. herlaufen wach. Ich zog mir schnell meinen Morgenrock an u. eilte hinaus. Gleich neben unsrer Kabine war ein Baderaum. Und da die Badestewardess gerade davor stand, fragte ich sie. »Das ist das Zeichen für den Lotsen, wir liegen ja schon vor der Themsemündung« sagte sie. Ich bestellte mir gleich ein Bad (was man jederzeit kostenlos bekommt) und erfrischte mich an dem herrlichen Salzwasser. Es war noch sehr zeitig. Erst 5 Uhr. Aber es regnete draußen. Unser Schiff mußte auf Flut warten. Wir lagen still. – Da wir nicht auf Deck sitzen konnten, verbrachten wir den halben Tag bis zur Ankunft in London teils Schachspielend im Rauchsalon oder Spielzimmer. (Was hab' ich die Zeit über geraucht, durchschnittlich 6–10 Zigaretten pro Tag) Sonst raucht ja Arno fast keine Zigaretten mehr, nur noch Pfeife aber zu den Ferien ist es mal eine Ausnahme. Und ich hab mitgehalten. Gebe zu, daß es aus Angabe war. – Rauchwaren waren auf dem Schiff auch zum halben Preis.

Gegen 2 Uhr erreichten wir unseren Bestimmungshafen. Greenwich-London. Ganz in der Nähe der Sternwarte wurde Anker geworfen. Und nun begann erst die Ausbootung, denn hier war keine Landungsbrücke sondern vom hinteren u. vorderen Fallreep liefen Boote aus. Nun kannst Du Dir vielleicht denken, daß das Ausbooten sehr viel Zeit in Anspruch nahm. Oder Du kannst Dirs vielleicht nicht denken, denn ich hab Dir noch nicht geschrieben, daß wir 1.500 Passagiere waren. Davon waren ca 300 Engländer 150 Dänen 100 Holländer, außerdem Franzosen, Ungarn, ja selbst Chinesen. So kannst Du Dir das herrliche Stimmengewirr um uns vorstellen. Ich habe ja ganz vergessen zu schreiben, daß wir Bekanntschaft mit 2 Engländerinnen gemacht haben, die beide kein Wort Deutsch konnten. (Doch halt, ich will nicht lügen die Lehrerin konnte ja 2 deutsche Worte, die hießen: »hab vergessen«.) Das kam so. Neben unseren Liegestühlen sassen auf den ihren eine ca 30–40 Jahre alte kl. Dame mit ihrem Jungen. Die Dame fiel insofern angenehm auf, als sie nicht geschminkt war und ihre schon leicht grau mellierten Haare auch so ließ. Arno merkte meine bewundernden Augen die ich der so perfekt Englischsprechenden u. dem kl. Jungen zu warf. So klein war er und so gut Englisch konnte er sprechen! Es war natürlich seine Muttersprache. Ich konnte kein Wort verstehen. Da sagte mir Arno, daß sie Dialekt sprächen, nämlich Irisch. Arno sagte zu mir: »immer ran, versuch's doch, wer nicht wagt, der nicht gewinnt.« Und bald kam auch eine Gelegenheit. Eine Deutsche, die furchtbar schlecht Englisch sprach kam zu der Engländerin u. fragte sie verschiedenes. Ich unterhielt mich feste mit Arno auch Englisch. Da die beiden aber nicht zurechtkamen, wandte sich die Engl. an mich u. nun hatte ich's erreicht. Ich half nun aus, so gut es ging (sie sprach jetzt reines Englisch) u. rief noch Arno zu Hilfe. Da ich aber verhältnismäßig flott sprach, redete die Engländerin mit mir auch rasch. Aber das so rasch Gesprochene verstehen, bereitete manche Schwierigkeit u. da mußte noch Arno rann. Dann kam noch eine Bekannte der Engländerin, eine typische Englisch-Miss (häßlich u. geschminkt wie Du sie dutzendweise im Wilhelm Busch Album finden wirst; war ja auch eine Lehrerin) hinzu. Unsere Engländerin war eine gebürtige Irin u. mit einem Londoner Arzt verheiratet. Sie waren mit dem Dampfer, der ja jetzt seine 2. Londonreise machte, herüber gekommen u. wie alle 300 Engländer an Bord, 2 Tage in Hamburg gewesen. Es hat ihnen dort sehr gut gefallen. – Nachdem wir London gesehen hatten, verstanden wir erst richtig, was so großen Eindruck auf sie gemacht haben mußte. – Wir haben sehr nett mit ihnen geplaudert; und es war eine herrliche Übungsgelegenheit. Das blieben auch unsere einzigen Bekanntschaften. Du weißt ja, wie Arno ist. Nur der Übung wegen haben wir mit den 2 Damen gesprochen. Am Tisch uns gegenüber (bei den Mahlzeiten) saßen 2 Schotten u. 1 Däne, u. neben Arno seiner Meinung nach ein »eingebildeter Geck«. Der Däne, der übrigens auch gut Deutsch u. Engl. sprach, versuchte ein paar mal ein Gespräch anzufangen. Aber Arno benahm sich ganz kalt u. abweisend. So verliefen die Mahlzeiten in förmlicher Höflichkeit. Es war uns sehr lieb so. –

Also nun zurück nach Greenwich-London. Wir hatten v.d. 2 Engländerinnen Abschied genommen u. warteten mit Ungeduld bis wir an die Reihe zum Ausbooten kämen. Wir wollten den Nachmittag auf eigene Faust in London verbringen. 15 Schillinge in Form von 6 großen blanken »Halfcrowns« hat jeder von uns für die 18 Rm Hartgeld bekommen. Endlich saßen wir im Boot. Es war bereits 4 Uhr. Wie wir am Land angestaunt wurden! Wie uns die vielköpfige Menge anstaunte als wir unseren Fuß an Land setzten! So sahen also »Deutsche« aus. – Zwar sahen wir genau so aus wie sie. – Um aufzufallen braucht man natürlich nur deutsch zu sprechen! –

Wir waren in London, der größten Stadt der Welt! Fremdes Volk, fremdes Land. Schön waren die 1. Eindrücke allerdings nicht. Der Hafen war russig, schwarz u. schmutzig. Furchtbar sah er bei voller Ebbe aus. (Die Themse fällt bis London 7½ m. Daß bedeutet also, daß Schiffe, die nicht direkt in Flußmitte, wie unseres, vor Anker gegangen waren, vollkommen vom Wasser entblößt sind und auf dickem dunkelem Schlamm liegen. Scheußlich sieht das aus. Uns fiel auch in den Straßen von Greenwich gleich die Unsauberkeit und der Schmutz auf.

Ich weiß nicht, ob es Dir bekannt ist, daß, wer in England auf der Straße die Zeitung liest – was sehr, sehr häufig vorkommt, – sie dann auch einfach fallen läßt. Und überhaupt alles gerade Überflüssiges, (Zigarettenschachteln, Stullenpapier usw.) wird ungeniert auf die Straße geworfen u. niemand v.d. Einwohnern findet etwas dabei. Wir hatten ja auch erfahren, daß Greenwich der schmutzigste u. elendeste Vorort v. London sei. Das Londoner Arbeiterviertel. Bleiche, elend aussehende Frauen, Männer u. Kinder auf Schritt u. Tritt.

Mit viel Spaß u. Freude fragte ich, so oft es irgend nur anging, Passanten nach »The Greenwich Station«. Arno ließ mich immer fragen u. half nur im Notfalle aus, wofür ich ihm sehr dankbar war. Am Schalter leierte ich wie geölt herunter: »Please give us two single tickets for Charing-Cross-Station.« Der Beamte, der natürlich sofort merkte, daß ich Ausländerin war, mußte lächeln u. sagte halblaut, aber doch vernehmlich zu seinem Gefährten: »She is good.« Worüber Arno u. ich noch viel u. herzlich gelacht haben. Bahnhof Greenwich-Station war ein Muster von Schmutzigkeit. Man mußte z.B. durch einen schmutzigen dunkelen – nur mit bloßer Erde als Untergrund ausgestatteten – Tunnel. Die Beleuchtung war spärlich und matt. Und der Schmutz!

Eine Londoner Stadtbahn unterscheidet sich vielleicht nur dadurch von einer deutschen, daß sie wohl etwas zierlicher, mit Dampf fahrend, u. jede Klasse gepolstert ist. Deptford, London-Bridge, Waterloo u. endlich Charing-Cross. Nun waren wir im Herzen von London. Den Stadtplan von London hatten wir schon vorher eingehend studiert. Johannes Schmidt hatte uns ein Buch v. London mit Plänen geliehen, das wir mit hatten. –

27.10.

Ein ganz anderes Bild! Kein Schmutz mehr. Von der Vorderfront des Bahnhofsgebäudes beginnend. Prachtbauten, schöne Straßen. Londoner City. Wenige Meter und wir standen auf dem »Trafalgar Square«. Mächtig die 100 m hohe Säule des »Nelson Monument« in der Mitte des Platzes von einer Anlage mit Springbrunnen umgeben. Allein die 4 Löwen auf dem Sockel! 20 Menschen hätten wohl sein müssen, um einen zu füllen. Die wehenden Fahnen des Afrika u. d. Südamerika Hauses. Rechts im Hintergrund der Turm der berühmten Bettlerkirche »Saint Martin's in the fields«. Und fast links daneben die Säulenvorhalle der »National Gallery«, zu welcher wir unsere Schritte lenkten. Neben wunderschönen Claude Lorrain Landschaften und einer Unmenge William Turner Bildern (die nur alle in London sind) u. einigen Rembrands (»Die Nachtwache« das Bekannteste davon) hatten wir die große Freude, das Original von Leonardo da Vinci's »Jungfrau in der Grotte« zu sehen. (In Deutschland gibt es keine Bilder v. ihm) Ich habe noch nie etwas Schöneres gesehen. Es war ein Erlebnis! Diese Farbenharmonie u. der Ausdruck der Gesichter! Noch heute, wenn ich es mir zu vergegenwärtigen versuche, bin ich wie benommen. So viel Schönheit auf einem Bild. – Wir haben uns nur die für uns Wichtigsten Bilder angesehen. Dann ging es durch den riesigen Verkehr (eine deutsche Großstadt ist dagegen ein Dorf.) Das Überqueren einer Hauptstraße ist eine einfache Unmöglichkeit. Man muß unterirdische Tunnels benützen.) zur Whitehall, die von Traf. Squ. abzweigt. Wenige Gebäude; dann links »Westminster Bridge« und – die »Houses of Parlament«. Ihre Größe und architektonische Schönheit ist unvergleichlich. Der herrliche Glockenturm »Big Ben«

und erst »The Victoria Tower«! 120 m hoch! Das schönste Gebäude, das wir jemals gesehen haben, war »The Westminster Hall«, in der wir am nächsten Tag waren. Berühmt durch die großen Gerichtssitzungen (von Charles Dickens oft in seinen Romanen erwähnt.) – Gegenüber Westminster Abbey in gleichem Baustil, nur nicht so riesig. Wir gingen weiter, immer an der Themse entlang bis zur »Tate Gallery«. Dort war außer den vielen Turner Bildern interessant ein runder Raum mit Handzeichnungen des großen William Blake. Diese Zeichnungen! Kannst Du Dir einen kleinen Begriff machen, wenn ich Dir sage, daß er hauptsächlich Dantes »Göttliche Komödie« illustriert hat?! Jetzt gings zurück, Oxford-Street überquerend zur Shaftsbury-Avenue wo es die meisten Antiquariate geben sollte. Arno war nehmlich seit vielen Jahren hinter zwei Werken her, die ihm kein einzig deutsches Antiquariat trotzdem auch die nach London geschrieben hatten, besorgen konnten (Edgar Allan Poe's Gesamtwerk u. William Blake's Dichtungen). (Es war natürlich schon 7 durch aber darauf kommt es in London scheinbar nicht an. Nach 4 oder 5 vergeblichen Anfragen erwischten wir Poe. Die Freude war natürlich groß. So viel wie möglich versuchte ich mich natürlich mit den Ladeninhabern zu unterhalten. Beim letzten (dem Verk. d. Poe) gelang es sehr gut. – (Aber sonst sind die Engländer im allgemeinen ziemlich deutschfeindlich. Sie sind zwar höflich. Aber man merkts doch sehr gut. Wir fragten den guten Mann auch, wo wir etwas zu trinken bekommen konnten u. er empfahl uns ein Haus. (Wir hatten bisher nicht gewagt in eins zu gehen. Denn entweder sahen sie so luxuriös aus, daß wir uns scheuten mit unseren paar Schillingen hineinzugehen oder sie sahen abstoßend unsauber aus. Auch *das* Haus war wie eine kl.

Baar eingerichtet u. die Leute v. ihren hohen Drehschemeln sahen uns verwundert an, als wir uns an das einzige schmierige kl. Tischchen setzten. Das war ihnen wohl ganz neu, daß man sich zu einem Glas Bier hinsetzt. – Dann gings wieder von Charing-Cross nach Greenwich-Station. Auf dem Wege zum Pier verliefen wir uns. Stelle Dir vor in diesem verrufenen Greenwich. Aber endlich ein Bobby und so landeten wir wieder sicher an Bord.

28.10.

Für den nächsten Morgen hatten wir uns Karten für eine ganztägige Besichtigung von London mit Autobussen besorgt. Um 7 Uhr ging es schon loß. Schöne grüne Autobusse der U-Bahn Gesellschaft wurden uns zur Verfügung gestellt, ca. 20 Personen umfassend. Jeder Autobus hatte seinen eigenen Führer, so daß also die Gruppen ziemlich klein waren u. man alles schön sehen u. verstehen konnte. Wir hatten einen schönen Platz. Ich kann Dir von dieser 10stündigen Fahrt natürlich nur das Schönste u. Wichtigste mitteilen. Bis zu den Houses of Parlament war uns ja schon gestern alles bekannt. Wie schon erwähnt, besichtigten wir heute »Westminster Hall« dann ging es in die Westminster Abbey. Das war einfach überwältigend. Diese Pracht z.B. in der Kapelle Heinrich des VIII. Die Gräber Maria Stewart's und der Königin Elisabeth. (Beide auf ihren Gräbern in Lebensgröße in Stein gehauen liegend). Die von den Mönchen wunderbar geschnitzten Chorstühle. Der Kreuzgang, der Krönungsstuhl der Königin. (Hier entdeckte Arno einige Einschnitte im Holz u. knüpfte daran die sündhafte Vermutung, daß die zu krönenden Herrscher hier jeweils vor Langweile ihre Namen hineingeschnitten hätten). Der Altar. Dann die Dichter Ecke. (Dir ist doch sicher bekannt, daß die größten Männer Englands in Westminster Abbey begraben werden mit Ausnahme v. Shakespeare der es selbst nicht wollte. Aber sein Lebensgroßes Denkmal ist wenigstens da.) So hab ich auf den Gräbern (schlicht im Boden eingelassenen Steinplatten mit den Namen, darunter sind die Särge) von Charles Dickens, Darwin, Herschel u. Händel gestanden. Nun ging es Whitehall zurück, vorbei am Cenotaph zum St. James Palace, wo das Aufziehen der Schloßwache gesehen werden mußte. Das war ein Schauspiel. Du kennst doch die Uniform der Leibgarde? Alles große schlanke Menschen. Durchschnittlich noch ½ Kopf bis 1 Kopf größer als Arno. Die knallroten Jacken und schwarzen Hosen! Das flimmernde Gold und die riesigen Bärenmützen! Und die Sonne brannte heut sengend heiß! Der Schweiß lief den Armen nur so übers Gesicht. Aber keine Miene verzogen! Der seltsame Schritt, das Auftrampeln vorm Stillstehen! Die »Horse Guards« mit ihren blauen Röcken und Spiegelpanzern! Das schottische Regiment mit seinen karierten, kurzen Röckchen! 1 Std. dauert dieser Tanz. Schmetternde Musik! – Aber doch ein sehr amüsantes farbenfrohes Bild. – Nun vorbei am Buckingham-Palast, Hyde Park, Marble Arch. – Mittagessen. Nein Lunch! – Gabs im »Great Central Hotel«. Das war ein Haus! Prima, prima! Natürlich ganz international. Eine Aufmachung! Ganz groß! Marmor u. Teppiche u. Säulen u. Gold u. Blumen! Und erst der Lunch! Siebenerlei Teller u. Besteck pro Kopf. Und was für Speisen!

Das Wichtigste von der Nachmittag Besichtigung waren dann die riesigen Straßen wie Oxford Street, Piccadilly Circus. Die riesigen Zeitungspaläste! Am seltsamsten schaute der von Daily Express, aus Stahl und schwarzem Glas erbaut, aus. Die Börse, die Bank und der

Verkehr! Die vielen Straßenbahnen – (Alle 2stöckig u. Schienenlos u. die vielen alten hohen Autos neben den modernsten Wagen.

Sehr schön war auch St. Paul's Cathedral. Wunderschön auch Innen! Und wenn man in der Mitte steht, so klein und winzig und sieht glatt hinauf bis zur gewölbten Kuppel, von der berühmten Flüstergallerie umgeben! Genau unter der Kuppel liegt Nelson begraben. Herzog v. Wellington's Grab ist auch da.

Interessant war auch der Tower. Und erst die Kronjuwelen! Von elektrisch geladenen Gitterwerk und Wächtern umgeben! Das Aufziehen der Towerbridge konnten wir auch gerade sehen.

Das wäre das Wichtigste von dieser schönen interessanten Rundfahrt gewesen. Gegen sechs waren wir wieder auf unserem Schiff. Der Abend verging sehr angenehm. An Deck auf unseren Stühlen sitzend, dem Plätschern der Wogen der Themse an unseren Bug lauschend u. in die aufflammenden Lichter starrend bei trautem Gespräch. Später gingen wir auch in die »große Halle« und beschlossen den Tag mit echtem Whisky und Cocktail.

Tagesprogramm des nächsten Tages: Autobusfahrt bis Maidenhead, Windsor Hampton Court usw.

Um 7 Uhr war wieder Abfahrt. Diesmal hatten wir unsere Plätze ganz vorn. Quer durch London ging es nun. Zu spaßig sahen die vielen Schornsteine auf einem einzigen Hause aus. Diese endlosen Häuserreihen u. die vielen Schornsteinchen. (Es ist doch Gesetz, daß jeder einzelne Kamin seinen Schornstein haben muß.) Lange, lange mußten wir fahren, ehe wir aus diesem Ungeheuren Steinkoloß heraus waren. Und nun schlossen sich erst eine Unmenge von Siedlungsstraßen an. Endlich freies Land! Aber die Landschaft ist nicht schön. Kein Berg, kein

Wald. – Grüne Rasenflächen mit weidenden Schafen u. Siedlungshäusern die ganzen 50 km bis Maidenhead. Das Bild wurde mit der Zeit sehr langweilig. Von M. aus fuhren wir mit kleinen Dampfern Themseabwärts. Das war ja auch landschaftlich sehr schön, zumal wieder strahlendblauer Himmel über uns leuchtete. Reizend die Themseinselchen! Und am Ufer herrliche Villen. Maler u. Filmschauspieler wohnen dort. – Mittagessen in Windsor u. dann zum Schloß. Uns hatten hauptsächlich Leonardo da Vinci's Handzeichnungen gelockt, die sich in Schloß Windsor befinden. Aber heute waren die Staatsgemächer gesperrt und auch die Führung innerhalb der Schloßmauern war sehr schlecht für uns, weil hier für 300 Mann nur ein Führer sein durfte. Es ist ja auch der Wohnsitz des Königs.

Nun ging es nach Eton College, der berühmtesten Schule. Schade, daß wir die Schüler in ihren Zylindern u. Fräcken nicht zu Gesicht bekamen, es waren ja gerade Ferien. Aber die Räume waren sehr interessant. Wie die Bänke u. Wände u. überhaupt alles, was nur anging, beschnitten waren! Jeder Schüler hat sich ja ein Splitterchen zum Andenken mitgenommen. O, in England regiert Tradition! Die jungen Prinzen haben eine Extrabank. Das ist klar! Und wie sah die Aula aus! Die getäfelten Holzwände, ja alle Pfosten u. Türen, das getäfelte Holz am Treppenaufgang, waren mit eingeschnittenen Namen versehen, jedes Stückchen Platz auskostend. Ja, jeder, der Eton College erfolgreich absolviert hat, hat das Recht, seinen Namen einzuschneiden. Da konnte man noch Namen aus dem 15. Jahrhundert lesen. (Die Jahreszahl war noch immer dabei.) Und auf Holzsäulen (natürlich auch von Namen bedeckt) standen die Büsten der aus der Schule hervorgegangenen u. berühmt gewordenen Männer. Die Balken, welche die Decke trugen, waren aus dem Holze der Schiffe der spanischen Armada verfertigt. Tradition, Tradition!

In Hamton Court 5 o'clock tea, bestehend aus Schinken, Wurst, Brot, Butter, Gebäck u. Tee. Die zahmen Hirsche u. Rehe im Park v. H.C. waren entzückend. Und die herrlichen Blumenanlagen des Schloßgartens! (Fürstenstein u. Lieblichau waren gar nichts dagegen!) Leider konnten wir ihn nur zum kleinsten Teil besichtigen, da die Zeit drängt.

Nun gings wieder zurück nach London. Gegen 7 waren wir wieder in der City. Wir waren die einzigen die ausstiegen um allein noch Abschied v. London zu nehmen u. nochmal in einigen Antiquariatsläden unser Glück zu versuchen. Wir hatten ja noch etwas Geld. Und richtig gegen 8 hatten wir William Blake in Händen.

Auf einer Bank vorm Nelson Monument sitzend nahmen wir heimlichen Abschied von London. Schön waren die 3 Tage gewesen! Viel haben wir gelernt! O ja, London ist eine sehr schöne u. interessante Stadt.

Um Mitternacht fuhr unser Dampfer ab. Am nächsten Morgen waren wir schon wieder auf offener See bei hohem Seegang u. Sonntag Nachmittag pünktlich 4 Uhr legten wir wieder an der Überseebrücke in Hamburg an.

Da wir an Bord fast nichts verbraucht hatten (die Bälle haben wir natürlich nicht mitgemacht) bekamen wir die nichtverbrauchten Schecks in Form v. Bargeld natürlich zurück. So fuhren wir mit der Taxe z. Hauptbahnhof, gingen dort in ein Hotel wo »Fürst Pückler Eis« gekostet werden mußte; dann in ein Kino (natürlich 1. Rangloge) u. dann mit D-Zug bis Berlin. Dort erfuhren wir zu unserem Entsetzen, daß bis nächsten Morgen kein Zug mehr nach Grffbg. fährt. Sofort beschlossen wir, im gl.

Hotel wie bei der Hinreise, zu übernachten, bekamen wieder ein Zimmer u. Montag mittag waren wir wieder in unserer Wohnung. Am nächsten Morgen mußte Arno ja schon wieder zur Arbeit. –

Deine Freundin Alice.

Arno Schmidt Ende der 30er Jahre
auf dem Aussichtsturm der Tafelfichte
im Isergebirge

Ansichtspostkarte vom Aussichtsturm auf der Tafelfichte

Ein Efeu-Blatt vom Grabe Wielands, von Arno Schmidt zusammen mit einem Foto unter einer Klarsichthülle arrangiert: einziger Beleg für die in den Datengerüsten S. 11 und 203 erwähnte Oßmannstädt-Reise.

»Freilich kommen nur noch wenige nach Oßmannstädt, aber es sind die Besten!« (Arno Schmidt, Dichtergespräche im Elysium, S. 28)

Arno Schmidt um 1940

Arno Schmidt
in der zweiten Hälfte
der 30er Jahre

»...jene dunklen Greiffenberger Jahre«

VON JOHANNES SCHMIDT

EIN GESPRÄCHSPROTOKOLL
AUFGEZEICHNET

VON JAN PHILIPP REEMTSMA

Dies ist das Protokoll dreier ausführlicher Gespräche mit Johannes Schmidt im Frühjahr 1984 in seinem Hause. Ich gebe in diesem Protokoll nur Aussagen wieder, die von Johannes Schmidt in diesem Gespräch getan wurden, auch wenn diese nicht immer in der indirekten Rede erscheinen. Ausnahmen dürften kenntlich sein. Wörtliche Zitate sind von mir so notiert, wie wiedergegeben, oder aus Briefen entnommen.

Johannes Schmidt[1] wohnt heute in einem oberbayrischen Gebirgsdorf, unweit der österreichischen Grenze, und wer ihn heute besucht, muß sich darauf gefaßt machen, auf eine längere Bergwanderung mitgenommen zu werden, kürzer zwar als die, welche Johannes Schmidt allein oder zusammen mit seiner Frau zu unternehmen pflegt, für einen kurzatmigen Städter aber, zumal in ihren Steigungen, von durchaus wahrnehmbarer Distanz. Was Johannes Schmidt selbst angeht, so war ich, wenn auch teilweise irreführend, vorbereitet. Hans Wollschläger schrieb nach der Lektüre des Bulwer-Dialogs ›Was wird er damit machen‹ an Arno Schmidt: »obschon ich ja dies doch franken Herzens bekennen muß : noch niemals hörte ich einen ›rüstigen Fabrikanten‹ *so* reden (...) –: es muß wohl mein Päch sein, das mir bislang an Industriellen immer nur solche zugänglich machte, deren Verbalien günstigstenfalls die Gestalt einer grünlich legierten Schmockturtelsuppe erreichten«.[2] Da es mir ähnlich geht, fragte ich Alice Schmidt einmal nach möglichen Urbildern dieser Gestalt und erhielt zur Antwort: »Darin steckt Johannes Schmidt.« In der Tat ist ja die Vorstellung eines Industriellen, der sich auf eine business-Sitzung irgendwo in Großbritannien mit Lektüre von Bulwer-Lytton-Romanen vorbereitet und auch noch fähig ist, verständig und zuweilen nicht unelegant über seine

Lektüre zu plaudern, nichts weniger als selbstverständlich. Doch natürlich ist Johannes Schmidt nicht das ›Urbild‹ jenes ›rüstigen Fabrikanten‹, nicht nur weil er, wie er selbst betont, nicht ›Industrieller‹ im eigentlichen Sinne war oder ist, sondern vor allem, weil ihm jene gewisse Behäbigkeit, gar Grobschlächtigkeit, mit der Arno Schmidt seine Figur ausstattete, völlig fehlt. Aber dennoch: Johannes Schmidt war ein erfolgreicher ›Manager‹ (auch dieses Wort paßt schlecht auf ihn, ist aber die zur Zeit gängige Grob-Berufsbezeichnung) – und ein gebildeter Mensch; und das ist nun einmal etwas, was normalerweise nicht zusammengeht, denn das Bildungsniveau jener Zunft ist erfahrungsgemäß berufsbedingt gering. Und zwar gebildet in einem altmodisch-umfassenden Sinne : Mathematik, Naturwissenschaften, Philosophie, Literatur. – Arno Schmidt hat ihm (und seinen Greiffenberger Gesprächen mit ihm) in ›Schwarze Spiegel‹ ein bemerkenswertes Denkmal gesetzt: »Ich hab immer begeistert Wieland gelesen : Poe, Hoffmann, Cervantes, Lessing, Tieck, Cooper, Jean Paul – das hab ich mir manchmal vorgestellt : ob die mit meinen Sachen zufrieden wären, oder Alfred Döblin und Johannes Schmidt.«[3]

Johannes Schmidt wurde am 20.11.1911 in Sorau (Südost-Ecke der Provinz Brandenburg, heute VR Polen) geboren; sein Vater, Leinenindustrieller und Erfinder eines Webautomaten, war Anhänger der Sekte der Darbysten; Johannes Schmidt besuchte als einziger der Geschwister eine höhere Schule, er sollte später Prediger werden; das Abitur bestand er mit Auszeichnung.

Ein Studium der Mathematik, Astronomie und Psychologie schloß sich an : zwei Semester in Kiel, zwei in Leipzig, wo er Heisenberg hörte, zwei wiederum in Kiel als Assistent an der dortigen Sternwarte. Er schrieb dort bei Professor Hans Rosenberg seine Dissertation über ›Farbindex-Schwankungen bei Veränderlichen des Algol-Typus‹. (»Professor Rosenberg war Jude; er emigrierte Anfang 1933 nach den USA; er nahm meine unfertige Arbeit mit (mich nicht«.)[4] – Die klimatischen Verhältnisse auf der Sternwarte verursachten eine Nierenentzündung (behandelt in einer Breslauer Klinik); der Bankrott der väterlichen Firma erzwang zudem die Beendigung des Studiums. – Johannes Schmidt arbeitete in der Folge als Statistiker und Betriebsorganisator in der ›Mechanischen Weberei Lauban AG‹ (Taschentuch-Fabrikation) vom September 1933 bis Ende 1935. Diese finanzierte ihm ein zweites Studium, nunmehr der Arbeitspsychologie und Arbeitswissenschaften.

Die ›Mechanische Weberei Lauban AG‹ wurde 1937 ›arisiert‹ und von Gustav Winkler übernommen. Johannes Schmidts Studium wurde nicht weiterfinanziert, er mußte es abbrechen und wurde im Juli 1937 von Gustav Winkler als Betriebsorganisator der Greiff-Werke in Greiffenberg engagiert und bezog dort ein Zwei-Zimmer-Appartement in der Laubaner Straße.

In der Kantine der Greiff-Werke lernte er Arno Schmidt beim Schachspiel kennen. »Regelmäßig während der einstündigen Mittagspause trafen sich einige junge Männer zum Schachspielen. Ich – selbst ein passionierter Spieler – wurde als Neuzugang begrüßt. Bald erweiterte sich diese Hobby-Gruppe zu einer Vereins-Mannschaft, die zunächst intern, später auch extern (konkurrierend mit dem Laubaner Winkler-Schachklub) regelrechte Turniere austrug. Die komplette (erste) Mannschaft umfaßte sechs Spieler; die vier anderen waren: Arno Lötzsch, Helmut Bachmayer, Schweda und Göpel. Später kam Ernsting hinzu.[5] Ein paarmal trafen wir uns auch abends bzw. nach Betriebsschluß in meiner Wohnung. – Als Schwarzer spielte Arno Schmidt gern das – ungewöhnliche – Doppel-Fianchetto, wonach die Läufer auf b7 und g7 postiert werden; er hielt das für eine optimale Verteidigungsstrategie. Als Weißer schockierte er den Gegner oft mit der fragwürdigen Orang-Utan-Eröffnung b2–b4.

Bezeichnend für seine Originalität und kreative Problem-Appetenz ist vielleicht die damals von ihm aufgeworfene Fragestellung, ob es möglich sei, eine Partie zu rekonstruieren, wenn nur die Züge eines der beiden Partner bekannt seien (bzw. unter welchen Bedingungen eine Rekonstruktion möglich sei). Bei den – wenigen – familiären Schach-Abenden in meinem Haus waren auch die Frauen (Alice und meine Frau) aktiv beteiligt; allerdings spielte Alice – im Gegensatz zu meiner Frau – herzlich schlecht.

Verwunderlich – und für mich enttäuschend – war, daß ich Arno Schmidt nicht für das (japanische bzw. chinesische) Go gewinnen konnte. Zwar hatte er in einigen Minuten die so genial-einfachen Grundregeln begriffen, und er schenkte auch der Demonstration einer Spiel-Eröffnungsphase (meine Frau war jahrelang meine einzige Go-Partnerin) gnädige Aufmerksamkeit; aber dabei blieb es. Daß Arno Schmidt in keinem seiner Bücher und sonstigen Veröffentlichungen das Go überhaupt erwähnte,[6] ist bündiger Beweis, daß meine Werbung keinen Eindruck auf ihn gemacht hat.«

Am 1.4.1939, dem Tag seiner Eheschließung, bezog Johannes Schmidt eine, den Greiff-Werken gehörige, geräumige Villa mit Park in der Bahnhofstraße. Um ihn bildete sich etwas wie ein ›kleines Kulturzentrum‹ der

Stadt Greiffenberg (ansonsten eine Stätte »kultureller Impotenz«). Musik-Soireen, Rezitationsabende, »in denen beispielsweise Arno Lötzsch ›Aus dem Leben eines Taugenichts‹ (die ersten 3 Seiten), Wilhelm-Busch-Gedichte; Lötzsch und ich Dialoge (z.B. aus dem ›Faust‹ ›Studierzimmer‹, ›Osterspaziergang‹, ›Faust und Sorge‹); ich ›Marienbader Elegie‹, ›Prometheus‹, Schillers ›Spaziergang‹, Nietzsches ›Dionysos-Dithyramben‹ und vieles mehr rezitierten. – Ein anderer (Baumeister Tschirwitz) sang Schubert-Lieder, Opern-Arien; ich spielte Klavier usw. Der Firmen-Chef, Dr. Helmut Winkler, selbst ein Schütz- und Bach-Verehrer, engagierte des öfteren Künstler ersten Ranges zu Konzerten im großen Aufenthaltsraum der Greiff-Werke. Mir oblag die Organisation; und ich ›profitierte‹ davon, da diese Solisten manchmal gern bereit waren, tagsdarauf in meinem Haus eine Privat-Vorstellung zu geben (z.B. die Pianistin Honigmann, der Cellist Ludwig Hoelscher u.a.).

Arno Schmidt berührte das nicht. Er wurde sofort mit der ersten Mobilmachung zum Kriegsbeginn September 39 einberufen. Aber auch zuvor scheute und mied er jegliche Art von Geselligkeit, die über eine Handvoll Teilnehmer hinausging. Selbst vor Pflichtveranstaltungen – Betriebsversammlungen, Aufmarsch zum 1. Mai, Weihnachtsfeiern, Betriebsfest... – verstand er meisterhaft, sich zu drücken. Schon der einzelne Mit-Mensch war ihm mehr oder weniger suspekt, – die menschliche Pluralität gar entartete ihm zum Gemensch.[7] Die ›Moral‹ LeBons (›Psychologie der Massen‹) fand seinen Beifall.«

Johannes Schmidt war tätig als Berater der ›Schlesischen Schürzenfabrik‹, Vorsitzender der Greiffenberger Berufsschule (160 technische und kaufmännische Lehrlinge) und Leiter der Greiff-Lehrlingsschulung (50–60 kaufmännische und 120–150 (weibliche) Näherei-Lehrlinge). »Während meines arbeitswissenschaftlichen Studiums in Berlin war ich auch Hörer und Seminar-Teilnehmer bei Professor Moede (Technische Hochschule). Moede war damals die – anfechtbare und angefochtene – Koryphäe der sogenannten ›Psychotechnik‹ (das war auch der Titel seines Lehrbuches). Ein Teilgebiet dieser Disziplin waren die Eignungs-Untersuchungen, ausgerichtet auf die Anforderungen der verschiedensten Berufe. Der Mensch sollte – so weit wie möglich – berechenbar (und manipulierbar) sein. In Fortsetzung und Übertreibung der Intelligenz-Tests verstieg man sich bis zu Charakter-Tests. Mit der Erkundung von Führungsqualitäten – Mut, Verantwortungsbewußtsein, Durchsetzungsvermögen... – wollte man der Offiziersauslese dienen; ein totaler Mißerfolg.« In Lauban hielt Johannes Schmidt an der Volkshochschule Vorträge über Astronomie. Den Krieg erlebte er nicht als Soldat; »für die ganze Dauer des Krieges war ich ›uk‹ (d.h. unabkömmlich) gestellt. Das zivile Produktionsprogramm der Greiff-Werke wurde stark reduziert, statt dessen: Fertigung kriegswichtiger Artikel wie Schneehemden, Winter-Tarnanzüge, Lastenfallschirme (für Stalingrad), Volksgasmasken, Tarnbezüge für V1- und V2-Raketen.« – Johannes Schmidt verließ »als einer der Letzten« Greiffenberg, zusammen mit dem Leiter der Greiff-Werke, Dr. Häussermann.

Nach dem Kriege baute er als Technischer Leiter die Greiff-Werke in Bamberg auf; dann »Gründung und Aufbau des Greiff-Betriebes in Aalen (Württemberg)«. Zuletzt Technischer Leiter der Goldix-Werke (Neuburg) mit Zweigbetrieben (Saloniki, Wien); Mitglied der Forschungsgemeinschaft der Bekleidungsindustrie; Mitglied des Sozialpolitischen Ausschusses des Bayerischen Landesverbandes der Bekleidungsindustrie (Tarifkommission).

Er habe sich »ein kleines Vermögen erwirtschaftet« und lebe nun, nach seiner Pensionierung, seinen Hobbies, als »Müssiggänger im Reiche des Wissens (Nietzsche), d.h. apperzeptive Teilnahme an den Forschungsergebnissen der Atom- und Astro-Physik, der Kosmogonie, der Anthropologie; Musikpflege (Klavier); Bergwandern (Naturschutz).«

Eine weltanschauliche Position nenne er nicht sein eigen – es sei denn eine an Feuerbach orientierte Religionskritik (wie ihn überhaupt das Phänomen der Religiosität immer interessiert habe).

Greiffenberg hatte in den 30er Jahren 4–5000 Einwohner; die Greiff-Werke – Fabrikation von Berufs- und Sportkleidung – »waren damals schon Deutschlands größter Bekleidungsbetrieb mit 5 (ab 1940 : 6) Produktionsstätten in Lauban, Frankfurt/Oder, Lomnitz (bei Hirschberg), Löwenberg, (ab 1940:)Bärnsdorf (›Sudetengau‹) und eben Greiffenberg mit 1400 Beschäftigten (insgesamt 3100). Die Greiff-Werke gehörten zur Winkler-Firmengruppe; die anderen Komponenten dieser Gruppe waren die ›Schlesische Schürzenfabrik Greiffenberg‹ (150 Beschäftigte) und die ›Gustav Winkler KG‹ in Lauban (ca. 3000 Beschäftigte). Diese letzte Firma war der größte Taschentuch-Fabrikant Europas mit durchschnittlich 20.000 Dutzend Taschentücher-Produktion pro Tag.« – Ein Großteil der bei Greiff Beschäftigten kam aus den umliegenden Dörfern; die Greiff-Werke lagen dem Bahnhof benachbart und hatten eine eigene Kohlen-Verladestation.

Arno Schmidt arbeitete in den Greiff-Werken in der ›Tabelle‹ als Lagerstatistiker,[8] d.h. er trug Produktionsausstoß und Auftragseingang in Listen ein und übertrug diese Zahlen auf graphische Schaubilder (Nomogramme auf Millimeterpapier). »Neben der schematischen, ja stumpfsinnigen Tätigkeit frönte Arno Schmidt seiner Leidenschaft der Präzisierung und Stellenerweiterung der dekadischen Logarithmen. Im Schubfach seines Schreibtisches – das meist einen Spaltbreit offen stand und bei ›Feind‹-Annäherung, d.h. bei Annäherung eines Vorgesetzten, rasch zugeschoben wurde – lagen Logarithmentafeln und Rechen-Unterlagen griffbereit; die kleine, von Hand betriebene Rechenmaschine brauchte er nicht zu tarnen oder zu verstecken, da sie ihm auch für seine ›legale‹ Arbeit zur Verfügung stand.«

Alice Schmidts Mutter war im »Klein- bzw. Personalverkauf« tätig; ihre Tochter war nach Volksschule und absolvierter Lehre in der Registratur beschäftigt, tat gelegentlich Schreibarbeiten. – Nach der Heirat mit Arno Schmidt hörte sie auf zu arbeiten – »sie hätte weiterarbeiten können, war gut beurteilt; Arno Schmidt hat es untersagt – sie wollte.«[9] Sie nahm oft an den Gesprächen von Johannes Schmidt und Arno Schmidt teil, sie »konnte mit ihren schlichten Schulkenntnissen natürlich unseren astronomischen, physikalischen Gesprächen nicht folgen«. Doch habe sie in einem ihrer letzten Briefe an Johannes Schmidt geschrieben »die Greiffenberger astronomischen Gespräche – wie erinnere ich mich an sie! Bis spät in die Nacht diskutierten Sie mit meinem Mann (und ich war staunende Zuhörerin). – Was gäbe ich nicht darum, sie könnten wieder stattfinden...«. Der Hausarbeit sei sie weniger zugetan gewesen.

Arno und Alice Schmidt wohnten nach ihrem Umzug von Lauban nach Greiffenberg in einer aus etwa 10 Einfamilien- wie Mehrfamilien-Häusern bestehenden

Werksiedlung der Greiff-Werke; das Haus, in dem Arno und Alice Schmidt wohnten, hatte 4–6 Wohneinheiten. Sie bewohnten eine Zweizimmerwohnung: ein kleines Schlafzimmer, Wohnzimmer (mit Bibliothek); dort eine »baufällige Sitzbank«, zwei Sessel, ein kleiner Tisch. – Auf die Frage nach der Größe der Bibliothek, die Arno Schmidt einmal mit 6000 Bänden angegeben haben soll: »Da hat Arno Schmidt aber maßlos übertrieben. Selbst wenn man alle 4 Wände seines kleinen Wohnzimmers (13–14 qm) von unten bis oben mit Büchern bepflastert hätte (Türen und Fenster ausgespart), – kaum *ein*tausend hätten Platz gefunden. In Wirklichkeit bestand die Bibliothek aus einem etwa 1 ½ m breiten Regal, das nicht einmal bis zur Zimmerdecke reichte. Es waren, hochgeschätzt, vier bis fünfhundert Bände (wahrscheinlich weniger). Und woher sollten auch die erheblichen Geldmittel zur Beschaffung eines solchen Buchberges gekommen sein? Selbst bei äußerster diogenetischer Bedürfnislosigkeit (die er und Frau Alice tatsächlich praktizierten) hätte ein Jahrhundert nicht gereicht, einen derartigen literarischen Schatz anzuhäufen. Alice – und ihre Mutter, Frau Murawski – war arm wie eine Kirchenmaus.«

Hauptnahrungsmittel war »Pellkartoffeln mit Quark Oder Pellkartoffeln mit (wenig) Hering.« Aßen Johannes Schmidt und Arno Schmidt je zusammen? »Nie. Bei unseren Zusammenkünften blieb das Materielle stets ausgesperrt. Es gab, bei ihnen, bei uns, nie etwas zu essen.« Zu trinken schon – »Arno Schmidt war kein Alkoholiker, aber er hat, wenn er bei uns war, Alkohol nicht verabscheut und trank nicht nur ›ein Gläschen‹«.

Es habe da eine »peinliche Szene« gegeben, noch in Johannes Schmidts Appartement in der Laubaner Straße, anläßlich des ersten Schachtreffens außerhalb der Werks-

Arno Schmidt in der ›Tabelle‹ der Greiff-Werke
(von links nach rechts: AS, Willy Gude,
Arno Schöngart, Erna Seibt (verehel. Scholz)

Willy Gude, AS, Herbert Runge

Scharfenberg	Franz	6.2.24	[illegible]		1.6.40	
Scheumann ✓	Luise	28.3.12	[illegible]		1.4.39	
Schmidt	Anna	18.1.14	Hamburg		1.2.34	
~~Schneider~~	~~Waltraud~~	20.5.24 verh. seit 1.5.04.	Lauban		1.4.41	
Schoen ✓	[illegible]	24.11.70	Bolkenhain		26.9.38	
Schoen ✓	Rosemarie	15.8.22	[illegible]		1.4.39	
Schönbach geb. [illegible]	Heinz	23.5.18	Sorau		16.11.39	
Schönfelder ✓	Hildegard	28.4.02	Greiffenberg		1.4.37	
Schöngart	Arno	10.8.08	Görlitz		1.9.34	
Scholz	Erich	27.8.13	Lauban		20.3.33	
verehel. Schüttner ✓	Laute Elsa	verh. seit 1.9.42 4.5.00	Kaiserswaldau		9.4.34	
Schwabe ✓	Elfriede	23.4.16	[illegible]		1.10.38	
Schröder	Wilhelm	2.1.13	Ziegenhals		14.3.32	
✓ Schwertner (Lauban)	Irmgard	24.4.17	[illegible]		15.11. [illegible] gewesen. 1.2.38 ang.	
[illegible] ✓	Franz	23.8.88	Lüben i. S.		1.4.35	
✓ Schulz geborene [illegible] ✓	Martha	29.6.14	Greiffenberg		gew. 6.3.33 ang. 1.10.43	
✓ Schmidt geb. [illegible] ✓	Alice	24.6.16	Greiffenberg		1.2.42	
✓ Schmidt ✓	Emil	12.8.76	Görlitz		15.7.43	
✓ Schmidt (Lauban) ✓	Gustav	6.8.09	[illegible]		gew. 12.2.40 ang. 1.7.42	

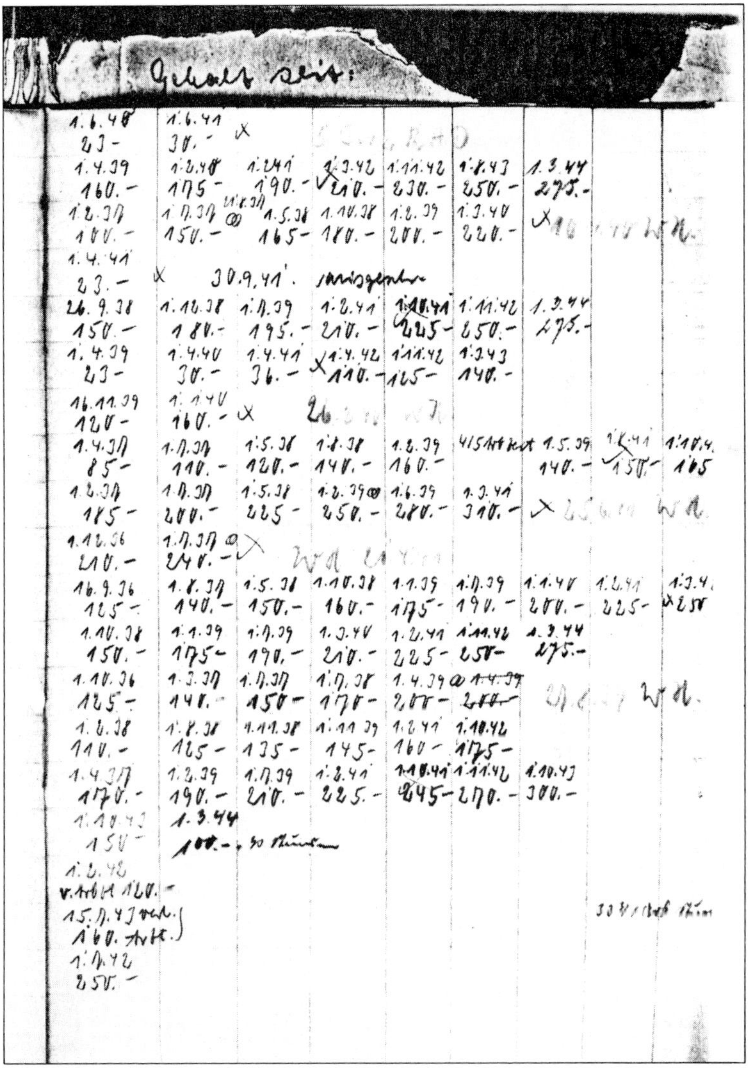

Gehalt seit:

1.6.40 23.- | 1.6.41 30.- | X

1.4.39 160.- | 1.2.40 175.- | 1.2.41 190.- | 1.3.42 210.- | 1.11.42 230.- | 1.8.43 250.- | 1.3.44 275.-

1.2.37 100.- | 1.7.37 150.- | 1.4.38 | 1.5.38 165.- | 1.10.38 180.- | 1.2.39 200.- | 1.3.40 220.- | X

1.4.41 23.- | X 30.9.41. ausgeschieden

26.9.38 150.- | 1.12.38 180.- | 1.7.39 195.- | 1.2.41 210.- | 1.10.41 225.- | 1.11.42 250.- | 1.3.44 275.-

1.4.39 23.- | 1.4.40 30.- | 1.4.41 36.- | X 1.4.42 110.- | 1.11.42 125.- | 1.3.43 140.-

16.11.39 120.- | 1.1.40 160.- | X

1.4.37 85.- | 1.7.37 110.- | 1.5.38 120.- | 1.8.38 140.- | 1.2.39 160.- | | 1.5.39 140.- | 1.2.41 150.- | 1.10.41 165

1.2.37 185.- | 1.7.37 200.- | 1.5.38 225.- | 1.2.39 250.- | 1.6.39 280.- | 1.3.41 310.- | X Wd.

1.12.36 210.- | 1.7.37 240.- | X Wd.

16.9.36 125.- | 1.8.37 140.- | 1.5.38 150.- | 1.10.38 160.- | 1.1.39 175.- | 1.7.39 190.- | 1.1.40 200.- | 1.2.41 225.- | 1.3.4 X 250

1.10.38 150.- | 1.1.39 175.- | 1.7.39 190.- | 1.3.40 210.- | 1.2.41 225.- | 1.11.42 250 | 1.3.44 275.-

1.10.36 125.- | 1.3.37 140.- | 1.7.37 150.- | 1.7.38 170.- | 1.4.39 200.- | ~~1.4.39 200.-~~ | Wd.

1.2.38 110.- | 1.8.38 125.- | 1.11.38 135.- | 1.11.39 145.- | 1.2.41 160.- | 1.10.42 175.-

1.4.37 170.- | 1.2.39 190.- | 1.7.39 210.- | 1.2.41 225.- | 1.10.41 245.- | 1.11.42 270.- | 1.10.43 300.-

1.10.43 150.- | 1.3.44 100.- , 30 Stunden

1.2.42 v. Arbeit 120.-
15.7.43 160. Arbt.
1.7.42 250.-

Gehaltsliste der Greiff-Werke
mit Eintragungen über Arno und Alice Schmidt

Arno Schmidt und Arno Lötzsch
beim Schachspiel in der Kantine

kantine: »Als ich zum ersten Mal zu solch häuslichen Treffen (mündlich) einlud, sagte ich zu Arno Schmidt – nachdem ich mich zuvor der Zusage der anderen Kumpels versichert hatte – : ›für den Fall, daß sich unsere Partien bis in den Abend hinziehen, werde ich mir erlauben, ein paar belegte Brote bereitzustellen...‹ Daraufhin erstarrte Arno Schmidt, mich anblitzend, und sprach: ›Ich weiß, daß ich sehr arm bin!‹, machte stracks eine Kehrtwendung und ließ mich stehen. Ich war wie vor den Kopf gestoßen. Für mehrere Wochen waren wir verfremdet.«

»In Cordingen hat er sich dann einladen lassen. Da litt er nicht mehr unter diesem furchtbaren Stolz. – Aber damals hat mich diese Hypersensibilität doch sehr verletzt.«

Johannes Schmidt meint, Arno Schmidt habe ihn, trotz aller Hochschätzung, immer auch als »Kapitalistenknecht« und »REFA-Mann« wahrgenommen. Später habe es auch Spannungen zwischen Alice Schmidt und seiner Frau gegeben, die er für verständlich hält: »Wir wohnten in der feudalsten Villa Greiffenbergs, sie – im Vergleich dazu – im armseligen Proletariergehäuse mit unleidlichen Nachbarn.« Objektiv betrachtet sei allerdings die Formulierung »armseliges Proletariergehäuse« etwas »überspitzt«, doch ein »Domizil von spartanischer Kargheit« sei es gewesen. »Die Greiff-Siedlung war ein ›eigen Ding‹. Die Freude des Unternehmers, der damit sein ›Sozial-Prestige‹ aufbessern wollte – was eine Bedingung zur erstrebten ›Goldenen Fahne‹ war, und, beiläufig, steuerpolitische Vorteile brachte –, war sicherlich größer als die der Insassen. Das Mißvergnügen des jungen Ehepaares Arno und Alice Schmidt wurde gestört durch unleidliche Nachbarn. ›Es kann der Frömmste nicht in Frieden leben, wenn es dem bösen Nachbarn nicht gefällt.‹ Die Ungeselligkeit, mehr noch : die totale Enzystierung, Abkapselung, Einigelung deuteten die Haus-Mitbewohner – und nicht nur diese – als Hochmut, als Arroganz. Von besonderer Gehässigkeit waren die Invektiven des Ehepaars Weise, vornehmlich der Frau Weise. Der jungen, in Haushalt-Führung unerfahrenen (und untalentierten) Frau Alice unterliefen allerlei kleine Nachlässigkeiten und Verstöße gegen die Hausordnung; Bagatellen, die – gehörig und ungehörig aufgebauscht – der Ränkesucht willkommenen Nährstoff lieferten und die Atmosphäre vergifteten. ›Es sind die kleinen Füchse, die den Weinberg untergraben.‹ Das Versäumnis seiner Treppen- oder Waschküchen-Reinigung, ein das Haus durchziehender Kohl-Geruch und dergleichen – Gründe genug zur üblen Nachrede.«

Zu jener Zeit mag sich Arno Schmidt als »Grabbe-Komilitone, -Leidensgefährte, -Doppelgänger« gesehen oder gefühlt haben; – sapienti sat.

Im Kriege unterstützte Johannes Schmidt Alice Schmidt mit Kleidung, Koppen-Käse (»eine Spezialität der Riesengebirgs-Bauern (auf böhmischer Seite), der – willkommener Ertrag einiger ›Hamster-Fahrten‹ – gegen Kleidungsstücke eingetauscht wurde«), Kartoffeln, Kohlen; – Arno Schmidt revanchierte sich bei einem Fronturlaub mit einer 10–15 kg schweren Tonne eingelegter Heringe, die er aus Norwegen mitgebracht hatte und Johannes Schmidt schenkte.

Vor dem Kriege empfahl Johannes Schmidt Arno Schmidt, er solle sich um einen Posten als Auslandskorrespondent für England »der weit besseren Honorierung wegen« bewerben. Dieser Empfehlung folgte Arno Schmidt nicht. Angesprochen auf die England-Reise von Arno und Alice Schmidt, hält Johannes Schmidt diese für unwahrscheinlich (»ich wette 100 : 1 dagegen«). Denn einmal: wo hätte das Geld herkommen sollen? und dann hätte doch eine solche Reise Gesprächsstoff sein müssen. Er selbst habe eine im Juni 1935, »damals noch in der Mechanischen Weberei Lauban in Diensten stehend, unternommen. Das war eine Art Gratifikation, die mir die Firmenleitung in Anerkennung meiner erfolgreichen Rationalisierung (Einzelakkordierung in der Weberei-Vorbereitung und in der Säumerei) gewährte. Es war eine geschäftliche Tarnung, daß ich einem Londoner Agentur-Unternehmen (Smith & Perkins) eine Taschentuch-Kollektion überbrachte und mit Mr. Smith einige Kunden besuchte. Sehr viel mehr interessierten mich die Londoner Attraktionen: Tate-Gallery, National Museum, und vor allem Wimbledon (ich war Tennis-Fan). Der Schweizer Hauptaktionär der Mechanischen Weberei, Kleinberger (St. Gallen), lud mich zu einem Abendessen (Cumberland) und einem Cabaret-Besuch ein.«[10]

Auf die Frage, ob er die legendären Kopfrechenkunststücke Arno Schmidts erlebt habe, antwortete Johannes Schmidt, er wisse nicht, ob es stimme, daß Arno Schmidt sich damit Geld in Kneipen als Schnellrechner verdient habe; er habe aber erlebt, daß Arno Schmidt zwei zwölfstellige Zahlen auf einen Zettel schrieb, daraufhin das Multiplikationsergebnis, ohne die Zwischenrechnungen zu Papier zu bringen. – Und die Logarithmentafel? Ja, an der habe Arno Schmidt stets gearbeitet, zu Hause und, wie gesagt, auch während der Arbeit. »Diese verteufelte, diese verdammte ein Pfahl im Fleische! – Logarithmentafel! Hunderte von Stunden hat sie ihn gekostet! Wenn er doch geschrieben hätte, ganz gleich, was! Und wenn er nur seine Sarkasmen über seine Mitarbeiter zu Papier gebracht hätte!« Er hätte sich ganz seinen literarischen Studien überlassen sollen, »dazu hatte er in Greiffenberg doch Gelegenheit gehabt; er hatte Ruhe, Essen, keine Sexualnöte«.

Die Fouqué-Studien (Massenbach war auch schon ein Thema) habe Arno Schmidt nur unsystematisch betrieben. Wenn er über »jene dunklen Greiffenberger Jahre« nur wenig geschrieben habe, so liege das daran, daß er sich dieser Zeit geschämt habe, »nicht nur der materiellen Umstände wegen : weil er nichts aus sich gemacht hat!« Die Klagen über die verlorenen Kriegsjahre seien auch ein Alibi für seine damalige Unproduktivität. Er habe ihm dies schon damals vorgehalten.[11] »Aber das Trauma Logarithmentafel! Es ist grauenvoll!« Arno Schmidt habe die Logarithmentafel als sein »Lebenswerk« bezeichnet. »Er sagte: ›Ich komme nicht los von der Magie der Zahlen‹.«

Johannes Schmidts persönliches Verhältnis zu Arno Schmidt? »Er war einer von mehreren guten Bekannten. Ein sympathischer Gesprächspartner, dem ich viele Anregungen verdanke – aber er mir auch.« In der Bilanz sei Arno Schmidt wohl der Gebende gewesen. »Es gab eine Zeit, in der wir uns sympathisch waren, aber zu einer richtigen Freundschaft fehlte uns beiden etwas.« Ist Privates zur Sprache gekommen? Nach seiner Heirat habe Arno Schmidt den Satz getan: »Das Erlebnis des Phänomens Weib muß man einmal hinter sich gebracht haben.« Etwas über seine Mutter, seine Schwester? »Kein Wort.«

Nach dem Kriege gab es drei Besuche Johannes Schmidts. Einen in Cordingen, zwei in Bargfeld. Im Cordinger Mühlenhof, in dem Arno Schmidt damals lebte, ist Johannes Schmidt nicht gewesen. Sie trafen sich in einem Gasthaus, in dem Johannes Schmidt Arno Schmidt zum Essen und einer Flasche Cognac einlud, die dabei, hauptsächlich von Arno Schmidt, geleert wurde.

Arno Schmidt berichtete von seinen damaligen Lebensverhältnissen im Mühlenhof und schilderte plastisch, wie sich der Schwamm über die Mauern ausbreitete. – Der letzte Besuch in Bargfeld war kurz nach der Beendigung von ›Zettels Traum‹. Arno Schmidt: »Es ist ein schreckliches Buch. Aber ich mußte es schreiben. Und ein solches Buch mußte einmal geschrieben werden.« – Keine weiteren Besuche, einige Briefe. »Ich wollte mich nicht aufdrängen. Ich wollte ihn nicht stören.«

Meine Frage nach Arno Schmidts angeblich abgebrochenem Studium der Mathematik und Astronomie: »Über sein Astronomie- und Mathematik-Studium (in Breslau) hat Arno Schmidt nie – mit mir – gesprochen; ich war höchst überrascht (und zunächst ungläubig) als ich später, auf Umwegen, davon erfuhr. In meiner Greiffenberger Bibliothek sah Arno Schmidt viele mathematische und astronomische Bücher (angefangen vom 3-bändigen Mangoldt ›Einführung in die höhere Mathematik‹, über Courant ›Infinitesimal-Rechnung‹, bis zum Osgood ›Funktionentheorie‹; Eddingtons mathematische Relativitätstheorie Einsteins, Grafs ›Astrophysik‹, Plancks 5-bändige ›Einführung in die theoretische Physik‹, Abraham-Beckers ›Theorie der Elektrizität‹, die populären Bücher von Jeans, Eddington, Bruno H. Bürgel … – natürlich auch Laßwitz, Dominik, Jules Verne usw.); aus den sich anknüpfenden Gesprächen – meist meine Interpretationen – konnte ich bei Arno Schmidt nicht mehr als ein allgemeines Interesse erkennen. Auch den Text eines Vortrages von mir – ›Weltanschauliche Folgerungen aus Relativitätstheorie und Quantentheorie‹, gehalten 1932 auf einer Tagung des Sorauer Lehrervereins – nahm er ziemlich kommentarlos zur Kenntnis.«

Johannes Schmidt hält es für ausgeschlossen, daß Arno Schmidt studiert habe (»allenfalls war er Gasthörer«). Arno Schmidts Interesse habe nur der klassischen Arithmetik und Algebra gegolten, »moderne mathematische Theorien interessierten ihn nicht oder er kannte sie nicht«. (Johannes Schmidt nennt die Epsilontik, die damals »in Mode« gewesen sei – »diese moderne Art der Beweisführung, die ich ihm erläuterte, hat bei ihm nicht gezündet. Hätte er Mathematik studiert, hätte er damit bereits in Berührung gekommen sein müssen«.) – »Wenn ich zurückschaue, wundere ich mich, daß er, der in meinen Augen irgendwie ein mathematisches Genie gewesen ist – daß er von Relativitätstheorie und Planck nahezu unberührt geblieben ist – obwohl die Zeit nahezu besessen davon war.« – »Er hat später ein bißchen damit angegeben, daß er Hilbert verarbeitet habe – was nicht der Fall war.[12] Aber er war ein Genie in der klassischen, angewandten Schulmathematik.«

Doch gab es viele Gespräche über mathematische und physikalische Probleme, z.B. über die Kant-Laplace-Theorie der Planetenentstehung; auch über das Problem der 4 Dimensionalität, an dem Arno Schmidt charakteristischerweise interessierte, ob es nicht eine Möglichkeit geben könne, diese vierte Dimension sinnlich zu erfahren. Die Beispiele, wie angenommene zweidimensionale Wesen Dreidimensionalität erfahren könnten, aus dem ›Leviathan‹ oder ›Faun‹ stammen, so Johannes Schmidt, von ihm. Ebenso die Überlegung, wie zweidimensionale Wesen, die auf einem Globus eine Afrika- und Grönlandreise unternehmen, zu falschen Schlüssen über ihre jeweilige Reisegeschwindigkeit kommen müssen, wenn sie unterstellen, sie bewegten sich in einem zweidimensionalen Raum, und ihren Berechnungen eine Mercator-Projektion unterlegen. Dergleichen Gedankenspiele faszinierten Arno Schmidt stets.[13]

Arno Schmidt habe übrigens auch eine mathematische Abhandlung über die »Gesetzmäßigkeit der Teilbarkeit im dekadischen System« verfaßt, die Johannes Schmidt 1943 oder '44 an einen Professor Schmidt in Kiel zur Begutachtung schickte. »Sie ist wahrscheinlich im Kriege verloren gegangen.«

Alice Schmidt erinnerte sich an Gespräche über den Gedanken des »unvergänglichen Lichts« (daß nichts verloren gehen könne, weil doch das optische Bild jenes Geschehnisses irgendwo im Weltall, in welcher Abschwächung auch immer, noch vorhanden sei) – dieses Thema erinnert Johannes Schmidt nicht, erwähnt aber den Satz von Sir James Jeans »Wenn ein kleines Kind die Klapper aus dem Kinderwagen wirft, hat das Auswirkungen auf den fernsten Spiralnebel« – und er zitiert Brentano: »Alles ist ewig im Innern verwandt.«

In den Greiff-Werken habe Arno Schmidt als »absonderlicher Kauz« gegolten. Er habe ein »elitäres Bewußtsein voll Verachtung allen anderen gegenüber« (Ausnahme : Johannes Schmidt) gehabt, das er auch physisch zur Schau getragen habe.

Andere Personen der Greiffenberger Zeit. Zunächst die Mitglieder des Schachkreises Arno Lötzsch und Helmut Bachmayer. – Arno Lötzsch war Hauptkorrespondent im Verkauf und Adjutant von Direktor Häussermann. Arno Schmidt: »Er fühlt sich wohl im Schatten des Titanen.« – Helmut Bachmayer : ein »drittklassiger kaufmännischer Angestellter im Stückwarenlager«, ein »sehr eifriger, nicht sehr guter Schachspieler«, aber »doch irgendwie originell«; (hat im Alter von 40 Jahren sein Abitur gemacht, lebte dann als Oberamtmann in Salzburg und bestritt eine umfangreiche Korrespondenz in Esperanto). »Sehr humorvoll und humorbedürftig« – er habe Arno Schmidt nur als sarkastischen Witzemacher »mit mahlenden Kieferknochen und blitzenden Augen« wahrgenommen. – Den Schriftsteller Arno Schmidt habe er, konservativer Katholik und Antisemit, später gänzlich abgelehnt: er schreibe unverständlich. – »Für Arno Schmidt spielt er keine Rolle.«

Dann Weise, Hauptbuchhalter mit Prokura, ein »Apostelkopf«, hochgeschätzt bei Gustav Winkler, mit dessen Namenszug er unterschreiben durfte. »Er stand völlig unter dem Pantoffel seiner bösartigen Frau – sie war gehässig, geschwätzig, eine professionelle Brunnenvergifterin.« Ebenjene, die Arno und Alice Schmidt das Leben schwer machte. »Aber eine gute Hausfrau.« Womit auch das erklärt wäre.[14]

Dr. Häussermann : einer der bestbezahlten Manager jener Zeit (einprozentige Beteiligung am Umsatz, ca. 300.000 RM im Jahr), ein »Autokrat reinsten Wassers«, »kalt, unmenschlich, effizient«, der seine Abteilungsleiter per Klingeldruck herbeirief (Ausnahme : der technische Direktor und Johannes Schmidt, der organisatorische Leiter) – vor seinem Schreibtisch »mußte man stehen, es war kein Stuhl da«. Neigungen zur Zahlenmystik (mit Vorlieben für die 11 – seine Sekretärin war am 11.11.1911 geboren, und Johannes Schmidts Geburtsdatum sicherte ihm einen Platz in Häussermanns PKW auf der Flucht aus Greiffenberg), Graphologie und Wetterprophezeihungen anhand des Mondstandes. – Arno Schmidt: »Wenn ich Häussermann ansehe, kommt es mir vor, als blickte ich auf übertünchte Gräber.«[15]

Nach dem Kriege Leiter der Greiff-Werke in der Bundesrepublik, dann nach einer folgenreichen unternehmerischen Fehlentscheidung entlassen. »Die Greiff-Werke haben nach 1945 in Bamberg – nach Überwindung der ›Entnazifizierungsphase‹ (in deren Verlauf Dr. Häussermann für einige Monate inaktiviert – und ich, interimsweise, mit der kommissarischen Leitung beauftragt – wurde) – einen glänzenden Wiederaufstieg erlebt, aber eine so dominierende Rolle – wie zuvor – konnte nicht wiedergewonnen werden.« – Nach Versuchen, sich im Landschaftsschutz »zu profilieren«, starb Häussermann in den 70er Jahren am Herzinfarkt.

Es habe, wie Johannes Schmidt es nennt, eine »peinliche Szene« gegeben zwischen Arno Schmidt und Häussermann. Arno Schmidt wollte eine Gehaltsaufbesserung erreichen, wurde aber als kleiner Angestellter der »Tabelle« natürlich bei Häussermann nicht vorgelassen. Er richtete es daher so ein, daß er zur selben Zeit wie Häussermann die Toilette aufsuchte, und so, in einer Situation, die kein Entkommen des Autokraten möglich machte, brachte er sein Anliegen vor. Eine Gehaltsaufbesserung von 20 RM war das Ergebnis.

Über die letzte der von ihm erwähnten Personen, Wilhelm Blume, erzählt Johannes Schmidt folgende Anekdote, die ihm von Blume selbst, außerdem von Alice Schmidt verbürgt sei: »Wilhelm Blume, Jahrgang 1898, ist ein ›Problem-Fall‹. Er war – etwa ab 1936 und bis 1945 – bei Greiff Einkaufsleiter. Seine Frau war eine Jüdin; trotz heftigen politischen Druckes weigerte er sich, die Ehe zu lösen, damit bewahrte er seine Frau vor der Vergasung (der alle ihre Verwandten anheimgefallen sind); andererseits geriet er in totale Abhängigkeit von seinen Chefs (Dr. Helmut Winkler und Dr. Häussermann), die dies ausnutzten. Schließlich, gegen Ende des Krieges, konnten auch sie nicht mehr verhindern, daß er in ein Salzbergwerk ›dienstverpflichtet‹ wurde. Für seine Frau – einzige Jüdin im Ort – waren die letzten Kriegsjahre ein Martyrium; sie konnte sich kaum auf die Straße wagen; man spuckte vor ihr aus.

Nach Kriegsende wurde Herr Blume (als politisch Verfolgter) von der russischen Besatzung zum Leiter der in Greiffenberg verbliebenen Rest-Firma ernannt. (Ein großer Teil Rohstoffe, Fertigwaren, Maschinen sind in den letzten Kriegsmonaten nach Süddeutschland – Bamberg, Weiden – ausgelagert worden.)

Bald nach dem Zusammenbruch (Mai 45) erreichte Arno Schmidt auf seiner (meist nächtlichen) Flucht Greiffenberg; er verbarg sich, mit einigen Kameraden, in Wäldern und Kornfeldern. Er schickte eine vertraute Frau (vielleicht war es Alice, Herr Blume kann sich nicht mehr erinnern) zur Greiff-Geschäftsleitung mit der Bitte um Zivilkleidung. Diese Bitte wurde abgeschlagen – was, begreiflicherweise, Arno Schmidt verbitterte.

Herr Blume bemerkt zu seiner Verteidigung : die Geschäftsleitung stand unter strenger sowjetischer Aufsicht; zudem gab es zwei kommunistische Greiff-Mitarbeiter (Handwerker) als Aufpasser und Spitzel, die sich als Denunzianten bewährt hatten.

Von Arno Schmidt wußte Herr Blume nur, daß er ein ›seltsamer Kauz‹ war, ein niederer kaufmännischer Angestellter, der ›in Logarithmentafeln vernarrt‹ war (ein ›irrsinniges Hobby‹).«

Abschließend zum Thema ›Greiff-Werke‹[16] sei der Satz Arno Schmidts mitgeteilt: »Uns allen wird einmal die Hölle leicht werden, denn wir haben bei Greiff gearbeitet.«

Dantes »Inferno« schätzte Arno Schmidt in jener Zeit (anders als später) – allerdings vornehmlich als Hohlwelt-Gedankenspiel, zusammen mit Holbergs ›Niels Klim‹

und Jules Vernes ›Reise zum Mittelpunkt der Erde‹. Hohlwelt-Theorien wurden oft zwischen Johannes Schmidt und Arno Schmidt diskutiert; in jener Zeit verfaßte Johannes Schmidt einen Aufsatz zur Widerlegung der allgemeinen Hohlwelt-Theorie als theoretischer Möglichkeit der Interpretation physikalisch-astronomischer Beobachtungen.

Arno Schmidt machte Johannes Schmidt mit Stifter bekannt, wies ihn auf Bonaventuras ›Nachtwachen‹, Wackenroders ›Herzensergiessungen‹ hin, schenkte ihm Tiecks ›Phantasus‹, Fouqués ›Thiodolf‹ und ›Undine‹ mit der Widmung »in die Traum- und Zauberwelten sind wir scheint es eingegangen«; auch die Dickensschen ›Pickwick-Papers‹ empfahl er zur Lektüre. – Dostojewski? »Er liebte ihn nicht.« Seine Gestalten seien ihm »Inkarnationen des geistig Bösen« gewesen. Allein der ›Großinquisitor‹ habe ihm, gleichsam als sozialpsychologische Studie, die seine eigene »elitäre Haltung« bestätigte, gefallen. Nur als er in einem Roman von »noch klebrigen Kastanienknospen« gelesen, habe er Dostojewski »einiges Naturverständnis« zugestanden. – Andere russische Schriftsteller? »Die Russen haben keine Renaissance«, habe Arno Schmidt gesagt. – Dabei habe er selbst durchaus den »humanistischen Traditionen ferngestanden« – »Spinoza, Leibniz waren ihm fremd«.

»Unter den Philosophen schätzte er einzig den Schopenhauer. Meine Seminararbeiten, Vortragstexte (über die vierfache Wurzel des Satzes vom zureichenden Grund und über die Willensfreiheit) fanden sein Interesse; ebenso wie mein Aufsatz ›Klages' Kritik an Nietzsches Voluntarismus‹. Nietzsche mochte er nicht; die psalmodierende Theatralik des ›Zarathustra‹ war ihm zuwider; vor allem warf er ihm vor, daß er naturwissenschaftlich nicht ›up to date‹ sei. – Auf Eduard von Hartmann und Sigmund Freud und auf die Dominanz des Unbewußten machte ich ihn aufmerksam. L. Klages war ihm nicht bekannt – und wurde ihm auch nicht sympathisch.«

Einige Gespräche über Kunst, William Turner vor allem, Dorés ›Don Quijote‹-Illustrationen, die Arno Schmidt liebte, Hogarth mit den Lichtenberg-Kommentaren (»Ich habe mich immer gewundert, daß Arno Schmidt nicht auf Lichtenberg zurückgekommen ist«). – Über Geheimschriften. Arno Schmidt war von Poe's Satz, daß jede Geheimschrift auflösbar sein müsse, beeindruckt; auf den ›Goldkäfer‹ wies er Johannes Schmidt ausdrücklich hin.

Eine Empfehlung Johannes Schmidts scheint keine Spuren hinterlassen zu haben – oder diese wurde später von Arno Schmidt, sei es bewußt, sei es unbewußt, verleugnet. Anläßlich einer Diskussion über Wieland und die Formen der Prosa (»er schätzte damals den ›Agathodämon‹ am meisten«), wies Johannes Schmidt darauf hin, daß es neben dem Monolog, dem Dialog, der Briefform auch noch den ›inneren Monolog‹ gebe – und er zeigte ihm sein Exemplar der Goyert'schen Übersetzung des ›Ulysses‹. Johannes Schmidt meint, Arno Schmidt habe das Buch für kurze Zeit entliehen – ob er es allerdings gelesen habe, wisse er nicht, denn Arno Schmidt sei darauf nie zurückgekommen.

In Johannes Schmidts Bibliothek befindet sich noch ein weiteres Buch, das Arno Schmidt ihm damals schenkte, ein herrlicher alter Lederband, dessen Titel ich zum Schluß noch mitteilen möchte:

Die
Bezauberte Welt

Oder / Eine goettliche Untersuchung / Des / Allgemeinen Aberglaubens / Betreffend / die Art und das Vermoegen / Gewalt und Wirckung / Des Satans und der boesen Geister ueber die Menschen / Und was diese durch derselben Krafft und Gemeinschaft thun : / So aus natuerlicher Vernunfft und Hl. Schrift in 4 Buechern zu bewehren sich unternommen hat / Balthasar Bekker, S. Theol. Doct. / Und Prediger zu Amsterdam / Nebst des Authors generale Vorrede ueber diese seine 4 Buecher; / Wie und welche Gestalt dieselbe zu lesen / Der Zweck des Vorhabens / Und dann die Ordnung / So er darinnen gehalten. // Aus dem Hollaendischen nach der letzten von dem Author vermehrten Edition. / Gedruckt in Amsterdam / bey Daniel von Dahlen / bey der Boerse / Anno 1693. / In die Teutsche Sprache uebersetzt.

Erinnerungen an Arno und Alice Schmidt

VON ERNST UND FRIEDEL NIEHAUS

AUFGESCHRIEBEN

VON BERND RAUSCHENBACH

NACH EINEM GESPRÄCH AM 13.7.85

Ernst Niehaus kannte Arno Schmidt aus der gemeinsamen Zeit als Fahrschüler auf der Eisenbahnstrecke Lauban–Görlitz. Beide besuchten die gleiche Schule, Ernst Niehaus war jedoch eine Klasse über Schmidt, so daß über die Bahnfahrten hinaus kein Kontakt bestand. (In die obere Klasse drang nur allmählich das Gerücht, in der unteren gäbe es einen Schüler mit außergewöhnlichen Kenntnissen und mathematischen Fähigkeiten.)

Nach dem Abitur ging Niehaus zu den Greiff-Werken; 1934 wurde er einmal von Dr. Häussermann in dessen Büro gerufen. Häussermann: »Ein junger Mann aus Lauban hat sich bei uns beworben und beruft sich auf Sie. Er heißt Arno Schmidt. Kennen Sie ihn?« Ernst Niehaus mußte verneinen: Erst als Schmidt eingestellt war, erfuhr Niehaus den Namen jenes Fahrschülers, den er bisher nur unter seinem allgemeinen Spitznamen ›Apoll‹ gekannt hatte.

Schmidt und Niehaus saßen lange Zeit im gleichen Arbeitszimmer in der ›Tabelle‹. Schmidt ließ deutlich erkennen, daß er Kollegen und Chefs nicht für voll nahm und auf sie herabschaute. Trotzdem war er nicht unbeliebt und kam mit den Kollegen aus, denn es wurde anerkannt, daß er geistig (wenn auch nicht unbedingt fachlich) allen anderen überlegen war. Er arbeitete korrekt und äußerst schnell. Rechnungen, die er als Lehrling zu überprüfen hatte, kontrollierte er beim einmaligen Durchblättern im Kopf. Schwierigere Aufgaben erledigte er manches Mal für Kollegen mit, die dann »den Lorbeer einstrichen«, ohne ihren Vorgesetzten zu sagen, daß Schmidt die Arbeit getan hätte. Gelegentlich wurden ihm Auslands-Aufträge zur Bearbeitung übergeben, denn seine Sprachkenntnisse waren in der Firma bekannt.

In den Mittagspausen aß Schmidt nie etwas, zumindest nicht in seiner Lehrzeit: In einer nahe gelegenen Kneipe nahm er nur einen ›Schnitt‹ zu sich, ein kleines Glas Bier von 0,1 l.[1]

1935 verließ Ernst Niehaus die Greiff-Werke; Friedel Golombek, seine spätere Frau, blieb bis Kriegsende in der Firma.

Sie erinnert sich an einen Vorfall, bei dem Schmidts Arbeitstempo besonders deutlich wird. Anläßlich eines sehr eiligen Sonderauftrags verordnete Häussermann Friedel Niehaus und Arno Schmidt Wochenendarbeit. Schmidts hatten aber für dieses Wochenende eine Fahrt nach Dresden geplant: Antiquariate sollten besucht werden, und auch Opernkarten waren bereits besorgt. Arno Schmidt zu Friedel Niehaus: »Ich fahre trotzdem nach Dresden.« Er fuhr auch – denn die Kalkulationen, für die Häussermann ein ganzes Wochenende veranschlagt hatte, erledigte Schmidt in wenigen Stunden. (Antiquariatsbesuche in Dresden und Görlitz sollen von Schmidts häufig gemacht worden sein. Die Ankündigung eines Opernbesuches dagegen löste bei Frau Niehaus Verwunderung aus.)

Die Hochzeit zwischen Arno Schmidt und Alice Murawski kam für die Arbeitskollegen der beiden sehr überraschend; keiner hatte vorher etwas von dieser Verbindung gemerkt. Man hatte mehr damit gerechnet, zwischen Arno Schmidt und Rosa Junge würde sich etwas anbahnen. Beide waren in den Mittagspausen häufig zusammen und gingen miteinander spazieren, augenscheinlich sehr in Gespräche vertieft. Friedel Niehaus zu Rosa Junge: »Was hast du eigentlich immer mit dem Arno zu reden?« – »Wir diskutieren über Philosophie, Naturwissenschaft und Literatur.« Auch über den Kommunismus sei gesprochen worden.

Alice Schmidts Umzug aus der elterlichen Wohnung in Greiffenberg ins Haus der Schwiegermutter nach Lauban wurde durch wochenlanges Hin- und Hertragen von Koffern bewerkstelligt.

Alice Schmidts Leben hat sich nach der Hochzeit ziemlich verändert: Vorher war sie viel geschwommen, hatte Wanderungen und Radausflüge unternommen. Arno Schmidt lehnte das strikt ab: »Ich bin kurzsichtig und kann nicht radfahren.« – Arno Schmidt baute seiner Frau ein kleines Lesepult aus Holz, das sie bei Hausarbeiten vor sich aufstellen mußte, um während der Arbeit zu lesen und zu lernen; z.B. Englisch für die geplante Englandreise. Die Greiff-Werke verließ Alice Schmidt auf Wunsch ihres Mannes nach der Hochzeit. Dafür trat Frau Else Murawski, ihre Mutter, in die Firma ein. Frau Niehaus arbeitete lange Zeit mit ihr im gleichen Zimmer.

Mit seiner Schwiegermutter hatte Arno Schmidt so gut wie keinen Kontakt. Friedel Niehaus bekam von Frau Murawski einmal einen Zettel gezeigt, den Schmidt ihr geschrieben und auf den Schreibtisch gelegt hatte: »Alice und ich kommen heute abend zu Dir und erzählen von unserer Englandreise.« Kommentar von Frau Murawski: »Das erste Mal, daß Arno mich besuchen kommt.« (Die Reise fand ein Jahr nach der Hochzeit statt!)

Mit Alices 8 Jahre jüngeren Bruder Werner Murawski war Arno Schmidt auf beinah väterliche Weise befreundet: Er versuchte unermüdlich, ihm Literatur, Philosophie und Wissenschaft nahezubringen und ihn so zu einer Art »idealem Sohn« zu erziehen.

Kontakt mit Greiffenbergern hatte Arno Schmidt (außerhalb der Greiff-Werke) nicht. Der Weg von der Wohnung ins Werk führte nicht durch die Stadt, die er auch sonst möglichst mied.

Schmidts Wohnungseinrichtung in Greiffenberg bestand in erster Linie aus Büchern; auf Möbel hätten Schmidts wenig Wert gelegt. Selbst über den Türen waren Bücherregale montiert. Die Mieter unter Schmidts zeigten sich schließlich besorgt, die Zimmerdecke könnte der Bücherlast wegen einstürzen. Ein Statiker kontrollierte die Festigkeit, und Schmidts durften weiter Bücher in ihrer Wohnung sammeln.

Die Bücher wurden –(wie auch schon die Englandreise)– zum Großteil von dem Geld finanziert, das Schmidt von seiner Mutter als Erbe nach dem Verkauf des Laubaner Hauses ausgezahlt bekam. Auf einen Kauf sei Arno Schmidt besonders Stolz gewesen: eine Handschrift ETA Hoffmanns. (Diese Handschrift wurde im Februar 1945 auf Bitten Schmidts zusammen mit anderen Büchern in einem hölzernen Wehrmachtskoffer von Bekannten der Familie Niehaus als Flüchtlingsgepäck in Richtung Sudetenland transportiert. Über ihren Verbleib ist nichts bekannt.)

Arno Schmidt gab nie Hinweise darauf, daß er Gedichte und Erzählungen schrieb. Nur den Wunsch, Autor zu werden, äußerte er einmal, als Friedel Niehaus ihn auf die weit unter seinem Niveau liegende Arbeit bei den Greiff-Werken ansprach: »Die Arbeit hier ist mir egal; aber später möchte ich mal kleine Novellen schreiben und sie veröffentlichen.«

Herrn und Frau Niehaus ist bekannt, daß Schmidt studiert haben will: Das habe man im Werk damals allgemein gewußt. Sie erinnern sich nicht, ob Schmidt selbst davon erzählt hat. In Breslau soll Arno Schmidt sein Studium durch Auftritte und Vorträge finanziert haben: Zu Beginn seiner populärwissenschaftlichen Vorträge habe er sich von Zuhörern deren persönliche Daten

Arno Schmidt mit seiner Schwiegermutter;
auf dem Tisch
das noch im Bargfelder Nachlaß
befindliche Mikroskop der Firma Gundlach.

(Name, Geburtstag, Adresse, Telefonnummer usw.) zurufen lassen und diese am Ende seines Vortrags dann auswendig wiedergegeben.

Schmidts Arbeit an seiner Logarithmentafel erinnern Niehausens nicht; wohl aber seine mechanische Rechenmaschine Marke ›Archimedes‹, die er für 50 Reichsmark den Greiff-Werken abkaufte, als diese ihre alten Maschinen gegen elektrische austauschten.

Alice Schmidt hat ihren Mann während seiner Soldatenzeit zwei, drei Wochen lang in Hagenau besucht; er hatte ihr dort ein Zimmer gemietet. Anekdote von einem Ausflug nach Straßburg: Während der Zugfahrt verlor Alice Schmidt ein goldenes Armband, das ihr Schmidt (obwohl sie nicht viel Wert auf Schmuck legte) geschenkt hatte. Es fiel durchs Eisenbahn-Toilettenbecken auf die Schienen. Arno Schmidt verständigte den Schaffner, der auf der nächsten Station die vorige anrief – das Armband wurde gefunden.

Frau Niehaus kannte Arno Schmidt nur als sehr starken Raucher. Erst in Norwegen, nach einem kurzen Versuch, Kräuter zu rauchen, gewöhnte er sich das Rauchen ab, um den Tabak gegen Lebensmittel u. ä. tauschen zu können, was er dann in unglaublichen Mengen nach Hause brachte oder schickte. So erinnert sich Friedel Niehaus, Schmidts Speisekammer voll mit norwegischen Streichhölzern und mit Klippfisch gesehen zu haben; Salzheringe lagerten in kleinen Fässern.

Während seines letzten Urlaubs in Greiffenberg, bei der Vorbereitung zur Flucht, sagte Schmidt zu Friedel Niehaus, er wünsche sich, in englische Kriegsgefangenschaft und damit nach England zu kommen; er ließe dann Alice nachkommen und bliebe in England.

Nach dem Krieg gingen noch ein oder zwei Briefe

zwischen Alice Schmidt und Friedel Niehaus hin und her; dann gab es erst nach Arno Schmidts Tod wieder ein wenig Kontakt in Form von Telefongesprächen. Gesehen haben sich Schmidts und Niehausens nicht mehr.

Nachtrag zur Johannes Schmidtschen ›Blume-Anekdote‹ (s. S. 155f): Damit konfrontiert, äußert Frau Niehaus große Verwunderung. Weder Winkler noch Häussermann hätten Blumes Lage (oder die des in ähnlicher Situation befindlichen Pförtners Stephan (ein ehemaliger Polizist, der seiner jüdischen Frau wegen den Beruf hatte wechseln müssen)) ausgenutzt. Sie hätten sich sogar dafür eingesetzt, daß Blume und Stephan bei ihrer Zwangsarbeit im thüringischen Salzbergwerk bessere Haftbedingungen erhielten. Frau Blume habe zwar sehr zurückgezogen gelebt und nicht in Greiffenberg einkaufen dürfen (dazu sei sie nach Görlitz gefahren), habe aber keine weiteren Repressalien zu erleiden gehabt. Ausgespuckt habe man vor ihr jedenfalls nicht. Blume sei bereits Ende April oder Anfang Mai, also mit Sicherheit *vor* den Russen, wieder in den Greiff-Werken gewesen. Er habe Arno Schmidt kaum gekannt, so daß es gut möglich sei, ein anderer Schmidt habe damals um Zivilkleidung gebeten.

Urkundlich belegt?

VON JAN PHILIPP REEMTSMA
UND
BERND RAUSCHENBACH

Zwar ist dies ein Materialienband, und die Kommentierung des präsentierten Materials sei grundsätzlich dem Leser überlassen, doch scheint es an dieser Stelle nicht unangebracht, wenn sich die Herausgeber kurz einmal selbst das Wort erteilen.

Daß sich Erinnerungen, zumal an eine weit zurückliegende Zeit, widersprechen, ist nicht weiter verwunderlich; Lebensgeschichte, Wesen und Charakter der Erinnernden spielen dabei eine Rolle, auch – nicht zuletzt – die Art des Umgangs mit dem oder den Erinnerten. Vieles in diesem Buch soll deshalb auch so widersprüchlich stehenbleiben, wie es gesagt oder geschrieben wurde; es ist nicht Sache der Herausgeber, darüber zu spekulieren, welche Erinnerung z.B. an die Größe der Bibliothek Arno Schmidts – die von Johannes Schmidt oder die von Ernst und Friedel Niehaus – die ›richtige‹ ist. Ob der Einwand Johannes Schmidts, aus finanziellen Gründen habe Arno Schmidts Bibliothek nicht größer sein können als von ihm angegeben, durch die entsprechenden Sätze aus dem Brief Alice Schmidts an Rosa Junge widerlegt ist, muß der Leser selbst entscheiden. – Daß die von Heinz Jerofsky und Johannes Schmidt für unmöglich gehaltene Englandreise stattgefunden hat, kann allerdings nach Lage der anderen Erinnerungen und aufgrund des erwähnten Briefes wohl nicht bezweifelt werden.

Die von Johannes Schmidt mitgeteilte ›Blume-Anekdote‹ bleibt, obwohl die Niehaus-Erinnerungen und alle Überlegungen zur Plausibilität und Datenlage gegen sie sprechen (Arno Schmidt geriet am 16.4.1945 in englische Gefangenschaft, Greiffenberg wurde erst nach dem 8.5. besetzt), merkwürdig, weshalb sie in dem Gesprächsprotokoll ausführlich wiedergegeben wurde.

Ein Problem allerdings verlangt eine ausführliche

Kommentierung: Arno Schmidts Studium der Mathematik und Astronomie. – Im für den Rowohlt Verlag verfaßten Biogramm schrieb Arno Schmidt 1950: »Nach dem Tode des Vaters, eines hamburger Polizeibeamten, siedelte die Familie nach Schlesien zurück, wo Schmidt nach dem Abitur ein abwegiges (Astronomie), doch vielseitiges Universitätsstudium in Breslau begann. Da seine Schwester einen jüdischen Kaufmann geheiratet hatte, brach er 33 – ganz bewußt, um vor pseudoheroischen Komplikationen in selbstgewählte Unscheinbarkeit auszuweichen – sein Studium ab.«[1]

Die Lektüre der Briefe an Heinz Jerofsky gibt keinen Hinweis auf ein Studium, die Erinnerungen Heinz Jerofskys lassen keinen Raum für eine Studienzeit, im Gegenteil, er bestreitet entschieden die Möglichkeit. Johannes Schmidt hält ein Studium, wenigstens eines, das über sporadisches Gasthören hinausging, für extrem unwahrscheinlich. Andererseits schreibt Rosa Scholz über eine Begegnung mit Arno Schmidt aus dem Frühsommer 1935: »Er begann davon zu sprechen, wie er zu Greiff gekommen sei. – Er habe in Breslau studiert, so sein Bericht, und das habe ihm viel Spaß gemacht, es sei ihm leichtgefallen. Besonders Mathematik zöge ihn an, Astronomie und alle Naturwissenschaften, aber auch Geschichte.

Alles sei gut gewesen, bis zur Universitätsleitung durchsickerte, daß seine Schwester Lucie sich mit einem Juden verbunden hatte. – Nun wurde er des öfteren zur Studienleitung zitiert und dort ausgehört, inwieweit er zu Juden Beziehungen habe oder ob er dort gar Interna der Universität zum besten geben würde. – Er berichtete dies mit Zorn und Verachtung in der Stimme, – denn natürlich war dies Unsinn. – Trotzdem wurde er immer wieder geholt und ausgefragt.

Er hatte zu dieser Zeit etwas von sich reden gemacht, da er seine glänzende Mathematik-Begabung in seinen Dienst stellte und zuweilen in Breslauer Gaststätten als Schnellrechner auftrat. Er multiplizierte und dividierte mehrstellige Zahlen, meines Wissens bis zu sechsstelligen Zahlen. So verdiente er sich einen Zubissen zum kargen Budget, – und wohl auch eine Mahlzeit Essen.

Mittlerweile wurde er aber auch von seinen Mitstudenten bespitzelt, von denen es mehrere gab, die der Universität mit ›Informationen‹ dienen wollten.

Man stieß sich sowieso an seinem Lernstil, da er nahezu immer allein arbeitete, – und man mißgönnte ihm seine guten Studienergebnisse.

Da angesichts solcher Tatsachen weitere Nachstellungen, ja Haft möglich war, – und es Arno Schmidts freisinnigem und selbstbewußtem Charakter unmöglich war, in solcher Umgebung sich zu entwickeln, gab er das direkte Studium in Breslau auf und bemühte sich darum, extern an der Universität angebunden zu bleiben. – (Ich erinnere mich, daß es immer im Büro hieß, wenn Arno Schmidt eine oder zwei Wochen fehlte, er sei wieder in Breslau.)

Über die Studiengebiete, die er belegt hatte, sprachen wir an diesem Tage nicht weiter.«[2] – Ernst und Friedel Niehaus bestätigen, daß Arno Schmidts Studium ›allgemein bekannt‹ gewesen sei.[3]

Mit Alice Schmidt haben die Herausgeber über diese Frage nie gesprochen. Schon deshalb, weil es vor Kenntnis der Briefe an Heinz Jerofsky und anderer Materialien keinen Grund gab, die von Arno Schmidt mitgeteilte Version anzuzweifeln, die sich wiederum, abgesehen von der größeren Ausführlichkeit, mit der Darstellung von Rosa Scholz deckt. – Nun erscheint aber die Begründung, besonders in der ausführlichen Variante, in historischem Abstand betrachtet, doch wenig plausibel – jedenfalls wenn der Studienabbruch bereits 1933 erfolgt sein soll.

Wie sieht die Datenlage überhaupt aus? Arno Schmidt wurde 1914 in Hamburg geboren, die Übersiedlung nach Lauban erfolgte 1928. In Görlitz besuchte er die Schule bis zum Abitur, das Zeugnis trägt das Datum 10. März 1933. Am 27. Januar 1934 wird ein Lehrvertrag zwischen Klara Schmidt, der Mutter, und den Greiff-Werken abgeschlossen, dessen Gegenstand Arno Schmidt ist. Mit Zeugnis vom 31. Januar 1937 wird die Lehre als »kaufmännischer Lehrling« abgeschlossen. Am 1.2.1937 wird Arno Schmidt bei den Greiff-Werken fest angestellt.

Das »Gerüst zu einer Biographie« vermerkt : »kaufmännische Handelsschule Görlitz (März–August 1933)« und »Arbeitslos (August 1933 bis 24. Januar 1934)«, dann »Greiff-Werke (24.1.34–9.4.40)« – ein Studium ist nicht erwähnt.

Wohl aber erwähnt wird es in einem nicht datierten »Personnel Questionaire«, sowie in dem »Fragebogen« des »Military Government of Germany«. In ersterem heißt es schlicht: »Stell(ung) vor 33 : Stud(ium)«; in den Antworten auf dem zweiten in der Abteilung »Secondary and Higher Education« : »Universität Breslau 1930–33 Kein Abschluß«. In dieser Zeit aber hatte Arno Schmidt, folgt man den anderen Daten, noch nicht einmal das Abitur. – Die Auflistungen der Bildungseinrichtungen im Fragebogen vollständig :

> Volksschule Hammerweg – Hamburg – 1916–20
> Realschule Brekelbaumspark – Hamburg – 1920–28
> Oberrealschule – Görlitz – 1928–30

Universität – Breslau – 1930–33 (In der Abteilung »Record of Employment and Military Service« wird das Studium, allerdings wie eine Fußnote angehängt, noch einmal erwähnt, diesmal mit der Angabe »31–33«.)

Nach dieser Liste hätte Arno Schmidt im Alter von 2 Jahren die Volksschule besucht. – Des Rätsels Lösung, oder, besser gesagt, eine neue Komplikation: Auf beiden Fragebögen hat Arno Schmidt sein Geburtsdatum mit 1910 angegeben.

Diese Falschdatierung findet sich auch im oben genannten Rowohlt-Biogramm und wurde dann im Laufe der Jahre aufgegeben; anders als die, bei der 1910-Datierung wenigstens zeitlich mögliche Fiktion des Studiums. – Aber ist es eine Fiktion? Und welches Geburtsdatum ist denn das richtige? Da eine Geburtsurkunde nicht mehr vorhanden ist, könnte der Heiratsschein Auskunft geben. Auf diesem aber findet sich nach »geboren am 18ten Januar 1 . . .« ein Brandloch. – Glücklicherweise hat sich ein zweiter Heiratsschein (wohl das Exemplar Alice Schmidts) gefunden, der das – wohl korrekte – Datum »18. Januar 1914« trägt. (Das richtige Geburtsdatum setzt sich übrigens erst Mitte der 50er Jahre durch. Der Arbeitspaß Arno Schmidts von 1948 hat noch ›1910‹, ebenso wie der 1952 ausgestellte Reisepaß. Auf diesem wird mit Eintrag vom 6.6.1955 die Veränderung in ›1914‹ vorgenommen.)

Nun gibt es für die Veränderung des Geburtsjahres zwei Erklärungsversionen. Die eine wurde den Herausgebern durch Alice Schmidt mitgeteilt : Arno Schmidt habe sich, um einer eventuellen Dienstverpflichtung in der neugegründeten Bundeswehr zu entgehen, älter gemacht. Diese Erklärung erklärt nicht, warum die Umdatierung

Heiratsregister Nr. 80 des Jahres 1937. H.

Heiratsschein

Vornamen und Familienname des Mannes: Arno Otto Schmidt,

Stand: Kaufmännischer Angestellter,

aus Lauban, Walkgasse 12,

geboren am 18ten Januar 1[illegible]amburg

Vornamen der Frau: Alice Else

geborene Muramski,

aus Greiffenberg Kreis Löwenberg, Gerberstraße 7,

geboren am 24ten Juni 1916 in Greiffenberg Kreis Löwenberg, (Niederschlesien)

Eheschließung am 21ten August 1937,

in Lauban.

Lauban, am 24. August 1937.

(Siegel.)

Der Standesbeamte

Heiratsregister Nr. 80 des Jahres 1937. **H.**

Heiratsschein

Vornamen und Familienname des Mannes: Arno Otto Schmidt

Stand: kaufmännischer Angestellter

aus Lauban, Waldgasse 12

geboren am 18ten Januar 1914 in Hamburg;

Vornamen der Frau: Alice Ella

geborene Murawski

aus Greiffenberg Kreis Löwenberg Oberbachstraße 7

geboren am 24ten Juni 1916 in Greiffenberg Kreis Löwenberg (Niederschlesien)

Eheschließung am 21ten August 1937

in Lauban

Standesbeamter in Lauban, Schles. (Siegel)

Lauban am 13. September 1937.

Der Standesbeamte

[illegible]

Gebühren-marke Stadt Lauban

bereits 1948 stattfand. – Eine andere Version berichtet Hans Wollschläger : Arno Schmidt habe sich während seiner Kriegsgefangenschaft älter gemacht, weil er so einer Gruppe zugeteilt worden sei, die bestimmte Schwerstarbeit nicht habe zu leisten brauchen. Nun war Arno Schmidt 1945 einunddreißig Jahre alt. Die Umdatierung hätte ihn als 35jährig ausgegeben – denkbar immerhin, daß dieses Lebensjahr als Grenze der Schwerstbelastbarkeit angesehen wurde. Arno Schmidt hätte dann das für diesen Zweck geänderte Geburtsdatum noch eine Zeitlang beibehalten, um keine Widersprüche in seinen Papieren erscheinen zu lassen, wenigstens solange er meinte, daß ein solcher Widerspruch ihm hätte Nachteile verschaffen können, oder solange er meinte, dieses sei ihm für irgendwelche Eventualitäten möglicherweise nützlich.

Merkwürdig nur, daß die erfundenen vier Jahre eben gerade den benötigten biographischen Raum für das fiktive Studium schaffen. Oder wäre es umgekehrt, daß er das Studium erfand, um die Zeitlücke plausibel schließen zu können? Aber wenn Rosa Scholz' Erinnerungen stimmen, dann war das Studium bereits eine Greiffenberger Fiktion. (Oder es war eben keine; dann aber hätte sich Arno Schmidt aus unerfindlichen Gründen bereits zur Zeit seiner Heirat jünger gemacht und das Studium aus seiner, für private Zwecke angefertigten ›Biographischen Skizze‹ getilgt – die unwahrscheinlichere Version.)

Die Herausgeber sehen sich zur Zeit außerstande, neben den ihnen zugänglichen Fakten und Erinnerungen das ›Warum‹ der beiden Entstellungen einigermaßen plausibel zu machen. Alles über das Mitgeteilte hinaus wäre Spekulation, wie etwa diese, daß sich Arno Schmidt das abgebrochene Studium der Mathematik und Astro-

21. VII. 1948

Revised 1 January, 1946
First Reprint May 1946
C.C.G. (B.E.) PUBLIC SAFETY (Special Branch)

MILITARY GOVERNMENT OF GERMANY.

Fragebogen

ACHTUNG: Der Fragebogen muß in zweifacher Ausfertigung eingereicht werden

WARNING: Read through the Fragebogen carefully before filling it in. The English text will prevail if discrepancies exist between it and the German translation. Answers must be typewritten or written clearly in block letters. Every question must be answered precisely and conscientiously and no space is to be left blank. If a question is to be answered by either "yes" or "no," write the word "yes" or "no" in the appropriate space. If the question is inapplicable, indicate this by some appropriate word or phrase such as "none" or "not applicable." Add supplementary sheets if there is not enough space in the questionnaire. Persons making false or incomplete statements are liable to prosecution by Military Government.

WARNUNG! SORGFÄLTIG DURCHLESEN! In Zweifelsfällen ist die englische Fassung maßgebend. Mit Schreibmaschine oder deutlich in Druckschrift schreiben! Jede Frage genau beantworten! Fragen mit „Ja" oder „Nein" beantworten! Falls die Frage nicht mit „Ja" oder „Nein" beantwortet werden kann, müssen eindeutige Angaben gemacht werden, z. B. „keine" oder „unzutreffend". Im Falle von Platzmangel Bogen anheften! Falsche oder unvollständige Angaben sind gemäß der Verordnungen der Militärregierung strafbar.

A. PERSONAL — A. PERSÖNLICHE ANGABEN

1. Name position you hold, or for which you are being considered (including agency or firm). 2. Name (Surname) (Christian Names). 3. Other names which you have used or by which you have been known. 4. Date of birth. 5. Place of birth. 6. Height. 7. Weight. 8. Colour of hair. 9. Colour of eyes. 10. Scars, marks or deformities. 11. Present address (City, street and house number). 12. Permanent residence (City, street and house number). 13. Identity card, type and number. 14. Wehrpass No. 15. Passport No. 16. Citizenship. 17. If a naturalized citizen, give date and place of naturalization. 18. Name any titles of nobility which have been held by you or your wife or your respective parents and grand parents. 19. Religion. 20. With what church are you affiliated? 21. Have you ever severed your connection with any church, officially or unofficially. 22. If so, give particulars & reason. 23. What religious preference did you give in the census of 1939? 24. Name any crimes of which you have been convicted, stating dates, place and nature of the crimes.

1. Augenblickliche oder angestrebte Stellung SCHRIFTSTELLER **2. Name** ~~ARNO OTTO~~ SCHMIDT
Zu(Familien)name

3. Andere von Ihnen benutzte Namen oder solche, unter welchen Sie bekannt waren oder sind ARNO, OTTO
Vor(Tauf)name(n)

4. Geburtsdatum 18. I. 1910 **5. Geburtsort** HAMBURG

6. Größe 185 **7. Gewicht** z. Zt. 70 KG **8. Haarfarbe** DKL. BLOND

9. Farbe der Augen BLAU

10. Besondere Merkmale Narben, Schmisse, Geburtsmerkmale, Verstümmelungen, Tätowierungen, oder Entstellungen

BRILLENTRÄGER

11. Gegenwärtige Anschrift (20a) CORDINGEN über WALSRODE, „MÜHLENHOF"
(Stadt, Straße und Hausnummer)

12. Ständiger Wohnsitz WIE OBEN
(Stadt, Straße und Hausnummer)

nomie aus der Biographie Johannes Schmidts und die Schwierigkeiten aufgrund jüdischer Verwandtschaft aus der Wilhelm Blumes ›geborgt‹ habe.

Einmal erwähnte Arno Schmidt, er habe sich, seiner schlechten Augen wegen, sowieso auf das Studium der theoretischen Astronomie beschränken müssen – das theoretische Studium der Astronomie?

Wie dem auch immer sei – in ›Brand's Haide‹ findet sich folgende Stelle : »gelobt sei Mil Gov: man weiß immer gleich, wer da wohnt. Keine Frau kann mehr ihr Alter verschleiern (wie diese Albertine Tode: das ist ein ganz dolles Ding, denn Fouqué selbst hats nicht gewußt, wie alt seine Frau war. Äußerst merkwürdig.).«[4] Und in seinem Aufsatz ›Urkundlich belegt‹ heißt es :

Es »ist noch relativ harmlos – weil so rührend leicht durchschaubar – wenn Ernst Moritz ARNDT sich einmal, in einem Bewerbungsschreiben an das zuständige schwedische Kriegsministerium um 1 Jahr jünger macht : jenun; er wollte eben durchaus als Fähndrich eingestellt werden ! (Und die Schoritz'er Geburtseintragung auf Rügen bringt alles wieder ins rechte Lot.)

Wesentlich unangenehmer wird es schon, wenn die ‹gestempelten Urkunden› einander nicht nur einmal, sondern gleich serienweise widersprechen. Der schon erwähnte FOUQUÉ heiratete 1833 in dritter Ehe eine gewisse Albertine Tode; und die Heiratsurkunde sagt aus, daß sie damals 23 Jahre alt gewesen, folglich 1810 geboren, sei. Ihre spätere Todesurkunde, aus Hannover, gibt an: ‹gestorben am 28.2.1876, morgens 3 Uhr; im Alter von 65 Jahren, 11 Monaten, 22 Tagen›; woraus also nun auch der genaue Tag, der 6. März 1810, abzuleiten ist, (dieser überdem noch zusätzlich durch ein ‹Geburtstagssonett› gesichert). (. . .) Dabei ist das Alles gar nicht wahr !

Laut Eintragung des Kirchenbuches zu Barth in Pommern, ist Frau Albertine zwar sehr wohl am 6. März, nicht jedoch 1810, sondern bereits 1806, *also 4 Jahre früher,* geboren ! (Und die Notiz wird sogleich noch zusätzlich durch das Datum der Konfirmation von 1820 bestätigt, die ja in evangelischen Landen prinzipiell mit 14 Jahren erfolgt.)

Es ergibt sich die erstaunliche Tatsache, daß Fouqué nicht gewußt und nie erfahren hat, wie alt seine Frau war ! Oder, andersherum ausgedrückt : Frau Albertine muß irgendeinen Grund gesehen haben, 4 volle Jahre ihres ‹Vorlebens› zu ‹löschen›. (. . .) Immerhin sei festgehalten, daß sich hier unverkennbar irgendwelche ‹menschlichen Tragödien› zu verbergen gesucht haben – erfolgreich; bis heute.«[5]

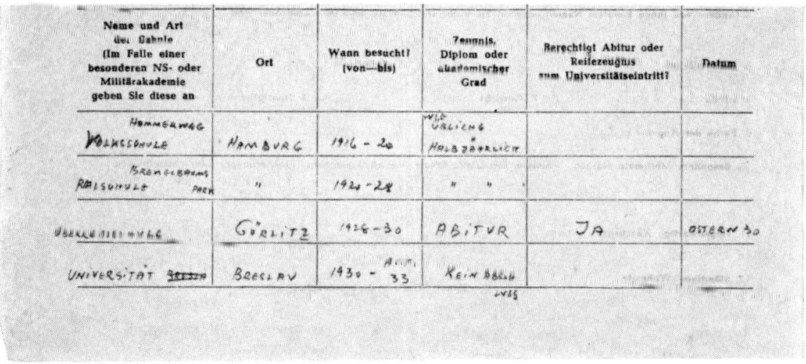

Name und Art der Schule (Im Falle einer besonderen NS- oder Militärakademie geben Sie diese an	Ort	Wann besucht? (von—bis)	Zeugnis, Diplom oder akademischer Grad	Berechtigt Abitur oder Reifezeugnis zum Universitätseintritt?	Datum
Hammerweg Volksschule	Hamburg	1916 – 20	wie üblich halbjährlich		
[illegible] Realschule Park	"	1920 – 28	" "		
[illegible]	Görlitz	1928 – 30	Abitur	Ja	Ostern 30
Universität [illegible]	Breslau	1930 – Anf. 33	Kein Abschluss		

Aus der Seite 2 des Fragebogens

Aus einem Brief an Rosa Scholz, geb. Junge

VON ALICE SCHMIDT

Meine liebe Rosel, Bargfeld, den 19.10.73.

(...)

Ich muß Dir einmal kurz und in aller Offenheit den Lebenslauf meiner Schwiegermutter sagen (...):

Ein Berufssoldat hatte meine Schwiegermutter als 16 jähriges Mädchen verführt (er war 11 Jahre älter); so wurde in Lauban Lucy, Arnos Schwester geboren. Danach heiratete sie besagter Otto Schmidt und zog mit ihr und Kind nach Hamburg wo er die Zivilversorgung des Berufssoldaten, eine Polizisten-Laufbahn einschlug (er war auch in China, der Mandschurei im Sinne der damaligen kleinen deutschen Kolonien stationiert gewesen. So wirst Du also auch ein soldatisches China-Album unter dem Nachlaß meiner Schwiegermutter finden.) Mit Anfang 30 wurde sie Witwe, erfuhr dann wohl erst, wie sie mein Schwiegervater ständig betrogen, und vor allen Dingen von dem damals recht hohen Polizeiwachtmeistergehalt der freien Hansestadt Hamburg den buchstäblich weitaus größten Teil für sich und seine Gelüste verbraucht hatte und die Familie (inzwischen war ja auch, unerwünscht, Arno geboren) recht und schlecht mit gerade dem einigermaßen Nötigsten auskommen ließ. Dazu war meine Schwiegermutter eine ganz schlechte Hausfrau, kochte ungern und nicht besonders, konnte schlecht nähen und flicken. Nach meines Schwiegervaters Tod erfuhr sie zu ihrem größten Erstaunen, daß nunmehr ihre Witwenpension eine weit größere sei, als sie zu Lebzeiten des Mannes für die gesamte Familie in den Händen gehabt. Sie zog bald mit ihrem gesamten Hausrat in ihre Heimatstadt Lauban wo sie das Haus in der Walkgasse halb wohl erbte, halb kaufte, in dem ihre Mutter wohnte. Also: alles Mobiliar von Hamburg und alles was sie und die Kinder besaßen, wurde von Hamburg

nach Lauban überführt, da ja auch das Haus weit geräumiger war als ihre Hamburger Stadtwohnung. Meine Schwägerin hat dann in Lauban einen Juden geheiratet, mußte nach abenteuerlichen Schicksalen emigrieren, erst nach Prag, dann auf Kaution, besser: Zahlung (pro Kopf 30.000 Dollar) von Brüdern ihres Mannes, mit dem letzten Schiff vor Kriegsausbruch nach den USA. Meine Schwiegermutter, noch eine junge und keineswegs häßliche Frau, ohne wohl sonderlich innere Werte, zu träge was zu lernen oder ernsthafter Lektüre, gefiel das Leben einer ›Beamtenwitwe‹ recht wohl. Einige Heiratsanträge schlug sie ›ob ihrer Pension‹ aus, ließ sich aber in das ein- oder andere ›Verhältnis‹ ein, was sie sehr vor ihrem Sohn, den sie ja sicherlich recht liebte, zu verheimlichen strebte und was ihr wohl auch jahrelang gelang und ihn in die unangenehmsten Dinge verwickelte wo er für die vermeintlich »arme unschuldig-verfolgte Mutter« einstand, bis ihm unangenehmst die Augen geöffnet wurden; das war dann wohl kurz vor unserer Heirat erst.[1] Du weißt, wir wohnten dann, so wohl ein halbes Jahr oder so in Lauban in der Walkgasse. (...) Wir hatten im August 37 geheiratet. Im Frühjahr 38 dann zog Arno und ich nach Greiffenberg in die Schützenstraße (...), meine Schwiegermutter verkaufte etwa parallel ihr Laubaner Haus und zog mit einem Teil ihres Mobiliars und ihres Hausrats nach Quedlinburg in eine Wohnung in Neuendorf (Straßenname).
(...)
Nun ist es ja bei uns so, daß außer ein- oder 2 Kartons von Büchern und einigen Winzigkeiten die ich da hineinpackte, die in den letzten Kriegswirren Quedlinburg erreichten *(von deren Inhalt vielleicht sogar das ein- oder andere Stückchen in Quedlinburg noch ist)* wir ja alles

verloren. Auf meiner Flucht hatte ich nur meinen Rucksack und ich bin ja dann mit wieder nur einem Rucksack u.kl. Koffer im Sommer 46 wieder über die Grenze nach hier gegangen (mit ordentlicher Abmeldung aber trotzdem recht abenteuerlich damals) als ich das erste Lebenszeichen von Arnos Kriegsüberleben bekam, daß er in englischer Kriegsgefangenschaft, aber Lagerdolmetscher am Steinhuder Meer sei. Wie freuten wir uns da über jede geschenkte Konservenbüchse die uns als Kochtöpfchen dienen konnte, oder das kleine Löffelchen als unser stolzer Besitz, das wir uns in Greiffenberg noch eingesteckt hatten. So ist mir, liebe Rosel, ein solch alter Gegenstand heiliges Besitztum, und alles noch so prächtige neu zu Erwerbende würde mir das nie aufwiegen. Es vergingen ja auch viele Monate ehe meine Schwiegermutter das erste kleine Päckchen zu schicken wagen konnte mit vor allen Dingen dem ein- oder anderen noch geretteten Buch. (so haben wir unseren Greiffenberger kostbaren Wieland, die schönen Halblederbände, hier; je immer 1 Band pro Päckchen, wie wir darob bangten !) – es kann also durchaus noch das einoder andere Stückchen von unserem Greiffenberger oder Laubaner Besitz bei meiner Schwiegermutter sein. So erinnere ich mich genau eines hochformatigen ›Kränzchenbilderbuches‹ das ich als Kind hatte, das sicher noch meine Schwiegermutter hat und vielleicht meinen Namen trägt. Und noch weit kostbarer für Arno: ihm bekannte Kindheitsgegenständchen noch aus seiner Kinderzeit von Hamburg, die schon für jedweden sensiblen Menschen von Wert. Geschweige denn für ›einen Dichter‹. Und meine Schwiegermutter hatte durchaus auch ihre gut=sensiblen Seiten und hat sich bei auch viel Neuerungen doch mit noch all ihren Erinnerungsstücken umgeben die auch ihr unveräußerlich-kostbar waren. Schließlich war sie ja auch Arnos Mutter und hat ihren Sohn ganz sicherlich sehr geliebt. – Auf ihre Weise halt. So könnten, für andere völlig wertlos, alte Zigarrenschachteln oder solche aus Blech durchaus liebe Kindheitserinnerungen für Arno sein. Denn bedenke, wir verloren ja alles, alles. (...)

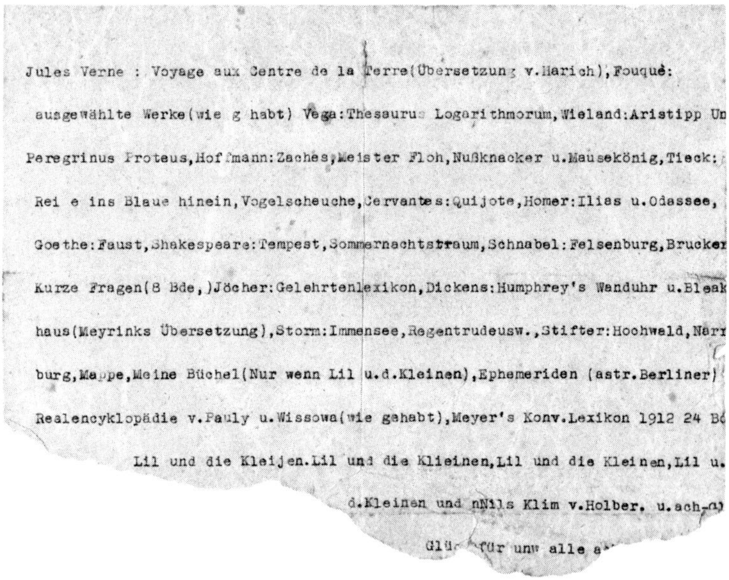

Jules Verne : Voyage aux Centre de la Terre(Übersetzung v.Harich),Fouqué:
ausgewählte Werke(wie g habt) Vega:Thesaurus Logarithmorum,Wieland:Aristipp Un
Peregrinus Proteus,Hoffmann:Zaches,Meister Floh,Nußknacker u.Mausekönig,Tieck:
Rei e ins Blaue hinein,Vogelscheuche,Cervantes:Quijote,Homer:Ilias u.Odassee,
Goethe:Faust,Shakespeare:Tempest,Sommernachtstraum,Schnabel:Felsenburg,Brucker
Kurze Fragen(8 Bde,)Jöcher:Gelehrtenlexikon,Dickens:Humphrey's Wanduhr u.Bleak
haus(Meyrinks Übersetzung),Storm:Immensee,Regentrudeusw.,Stifter:Hochwald,Narr
burg,Mappe,Meine Büchel(Nur wenn Lil u.d.Kleinen),Ephemeriden (astr.Berliner)
Realencyklopädie v.Pauly u.Wissowa(wie gehabt),Meyer's Konv.Lexikon 1912 24 Bd
Lil und die Kleijen.Lil und die Klieinen,Lil und die Kleinen,Lil u.
d.Kleinen und nNils Klim v.Holber. u.ach
Glü für unw alle a

Fragment einer Liste
der auf der Flucht aus Greiffenberg mitzunehmenden Bücher

Februar 1945
Arno Schmidt beim Verpacken seiner Bibliothek

Kriegsdaten

VON ARNO SCHMIDT
UND
MAX AMES

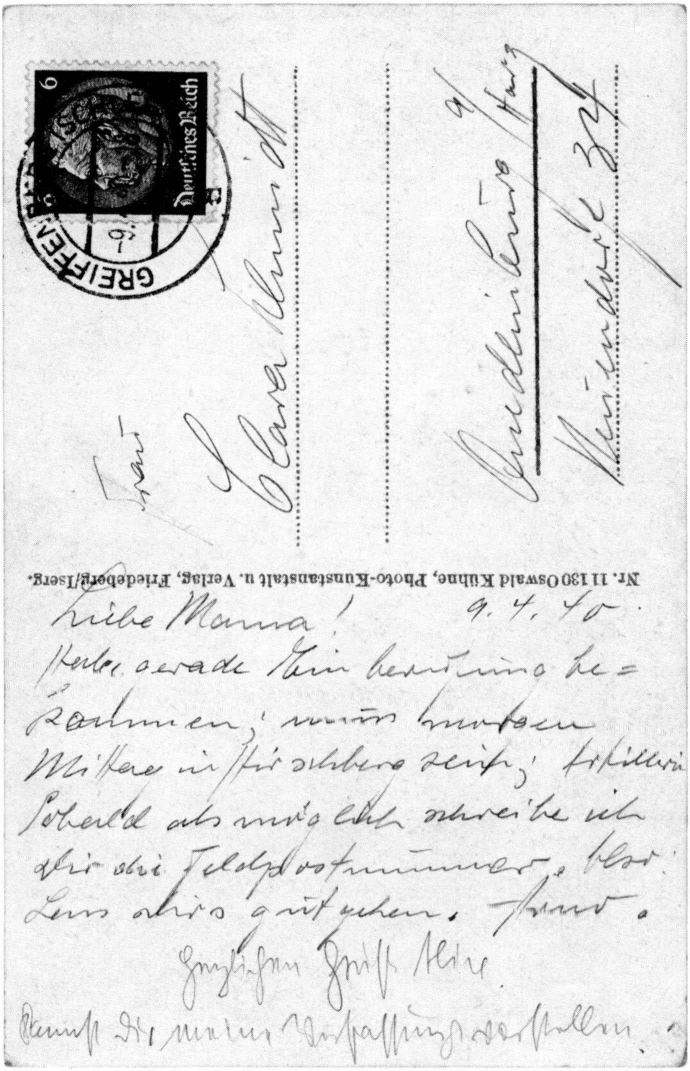

Transkription s. Anhang

Arno und Alice Schmidt mit Werner Murawski:
»Wissen Sie : dieses Buch ist für / Werner Murawski; / geboren den 29.11.1924 /
in Wiesa bei Greiffenberg am Gebirge; / gefallen am 17.11.43 vor Smolensk; /
wie unschwer zu errechnen / noch nicht 19 Jahr alt. Und er /
der einzige Bruder meiner Frau, / der Letzte, / mit dem zusammen ich jung war.«
(aus: Arno Schmidt, Widmungsgedicht zu »Schwarze Spiegel«)

Arno Schmidt in Hagenau

CHRONIK

von Arno Schmidt

1937

19.5.–Mitte Juli Kanonier in Sprottau

21.8. Heirat mit Alice Murawski

1938

1.3. Umzug nach Greiffenberg Schls. Schützenstraße 4

Anf. Dez. 8 Tage Soldat beim Sudeteneinmarsch, krankheitshalber vorzeitig aus Laz. Hirschberg entlassen.

1939

Mai 14 Tage verregnete Urlaubsreise nach Rudolstadt, Weimar, Osmannstädt, Lpzg, Dresden.

26.8. nachts Einberufung zum Krieg.

2.9. als überzählig vorzeitig entlassen.

1940

10.4. Einberufung nach Hirschberg

Aug. Dolmetscherlehrgang in Halle

1941

10.1.–4.10. Garnison Hagenau / Els.

4.10. Versetzung zur Feldtruppe, Aufstellungsort Lauban

1942

26.3. Abreise von Lauban zum Einsatzland Norwegen.

26.3.–20.4. Anreise: Dresden, Bln. Hbg. off Helgoland Cap Skagen Christiansand (Süd) Drammen, Oslo, Dombås, Westnäs, Øveraasjöen am Romsdalsfjord

Aug (?) Urlaub: Hin & Rückreise über Schweden, Trelleborg, Saßnitz.

1943

Juni 43 (Abreise 30.6.?) Urlaub: Hin & Rückreise Schweden, Helsingborg, Helsingöer, Kopenhagen, Gjedser, Warnemünde

1944

Nov. Dienstreise: Andalsnes, Dombas, Drontheim & zurück (Augenarzt, neue Brille)

1945

14.1. Abfahrt von Øveraasjöen, Versetzung zur kämpfenden Front (freiwillige Meldung)

14.1.–30.1. Reise: Andalsnes, Dombas, Oslo, Arendal, Aarhus, Flensburg, Hamburg, Ratzeburg.

1.2.–21.2. Urlaub & Flucht aus Greiffenberg (13.2. Alice, Arno 14.) Friedland, Zittau, Kaiserswalde, Bad Schandau, Pirna, Dohna, Särsen, Kreischa, Tharandt, Glauchau, Halle, Lpzg, Aschersleben, Hedersleben, Quedlinburg, Neuendorf 34)

21.2.–20.3. Ratzeburg, Lehrer im Vermessungslehrgang

26.3. 10 h 30 m von Kaserne Ratzeburg zur Bahn
13 h im Viehwagen=Transport
17^{30} immer noch
17^{51} Abfahrt

27.3. 3 h in Ottersberg b/Bremen / Von dort zu Fuß mit Gepäck 20 km bis Osterholz (dort 11 h 41 m)
18 h 19 m in Osterholz=Tenever (bei Bremen). / Vorkommando im Privatquartier.

28.3. 12 h 00 m in Huchting, 5 km w von Bremen. / (Zuvor Fußmarsch durch die ganze Stadt). / 21 h 08 m in der Kantine einer verlassenen Flak=Abteilung 22 h – 24 h nach Delmenhorst marschiert. Dort die Nacht im Freien herumgesessen; dann,

29.3. gegen 5 h mit der Bahn über Leer und Emden nach Aurich – dort im Marinearsenal überflüssiges Friedensgerät abgegeben, und kriegsmäßiges empfangen. Abends wieder weg.

30.3. Bahntransport, über Essen i. Oldbg. / Gegen Mittag Tiefflieger bei Quakenbrück

31.3. gegen 6 h Tieffliegerangriff
10 h 15 m in Lengerich, 40 km n v. Münster / Nachmittag mit der Bahn nach Hasbergen; Tiefflieger, die uns über Wiese hetzten und die Lok abschossen; zu Fuß auf Umwegen zu einer kleinen Bahnstation; Abendmarsch; nachts im offenen Güterwagen nach Bramsche.

1.4. 2 oder 3 Uhr in Bramsche/Oldenburg. etwa 2/3 Tage dort. Dann über Achmer zum Einsatz nach

4.4. Ibbenbüren . . . Westerkappeln

6.4. Nacht u. Morgen. Über 1 von 3 dicht beieinander liegenden Brücken (2 schon gesprengt) den Mittelland=Kanal passiert. Namen: Recke, Voltlage, ..., Dinklage

13.4. Spätnachmittag: Rückzug aus Vestrup. Bis *Schwichteler.* Dort von der englischen Panzerspitze zersprengt. / Dann 3 Stunden liegen im Feindbeschuß auf Acker (mit noch einem O'Gefr. zusammen). / Dann, bei Einbruch der Nacht in Scheune versteckt – dort 2 Tage und 1 Nacht.

15.4. 23 h 20 m ins Bauernhaus gegangen. (Der Bauer, der gegen Übernahme meiner Uhr, die Briefe an Alice weiterschickte, hieß : Heinrich Lindemann, Nordenbroß über Vechta, Oldenburg).

16.4. gegen 8h ›freiwillig‹ beim nächsten englischen Posten als Gefangene gemeldet. / (Ort: Schwichteler über Vechta).
Mittags weiter nach *Bentheim.* Heiße Sonne.

17.4. Mittags weiter nach *Weeze.*

19.4. Morgens in Güterzug verladen. Durch Holland nach Villvoorde bei Brüssel.

20.4. Dämmerung: Villvoorde. Gef.Lager. Dort bis

19.8. Mittags. Dann mit Güterwagen nach Luthe/Hannover.

21.8. Mittwoch: Luthe. Dort bis

22.9. Per LKW nach Munster (Lager). Dort Dolmetscher.

4.11. die Lilli kommt.

29.12. Sonntag. Nach Cordingen, Mühlenhof, als Dolmetscher an die Hilfpolizeischule Benefeld.

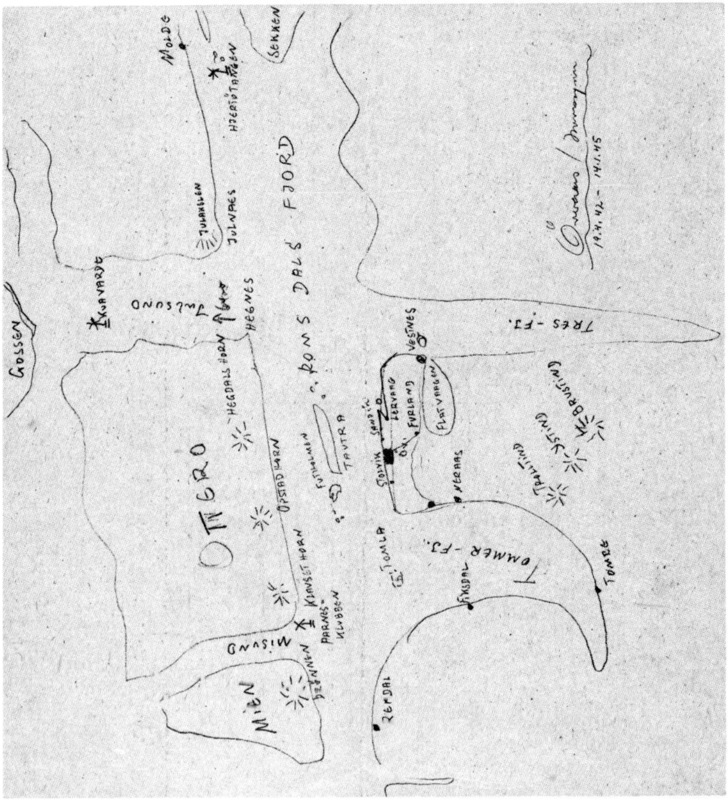

3 Kartenskizzen
Arno Schmidts zum Stützpunkt Øveraasjøen

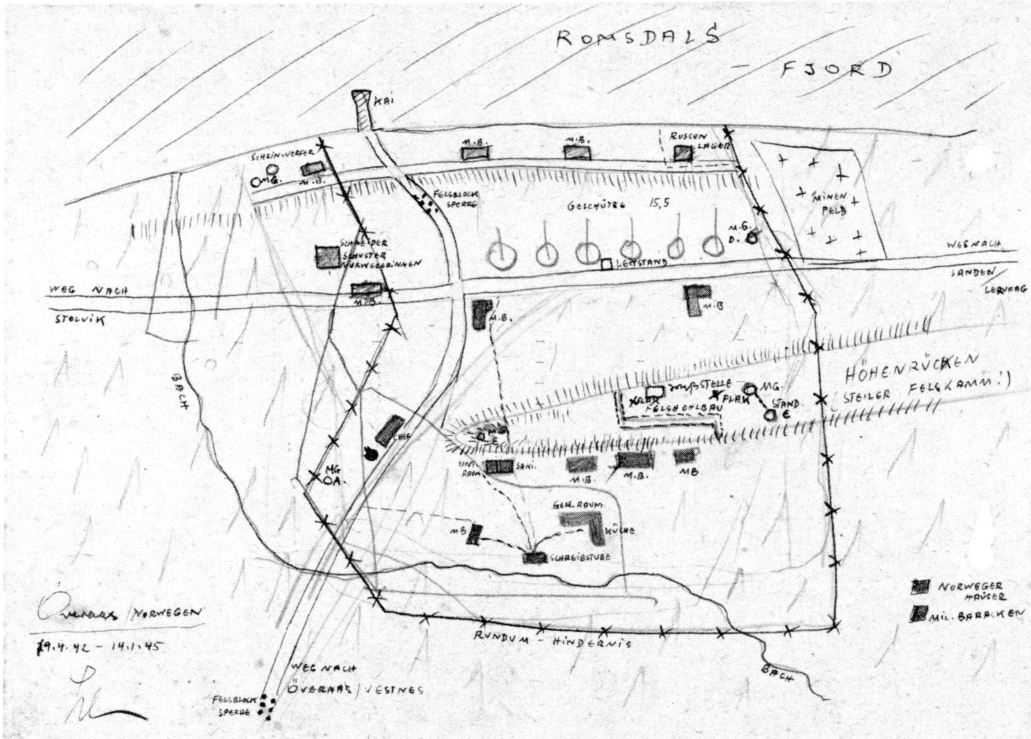

ROMSDALS
FJORD
KAI
SCHEINWERFER
MG.
M.B.
M.B.
M.B.
RUSSEN LAGER
FELSBLOCK SPERRE
GESCHÜTZE 15,5
MINEN FELD
M.G. D.
LEITSTAND
WEG NACH SANDEN LERVAAG
SCHNEIDER SCHUSTER NORWEGERINNEN
M.B.
WEG NACH STOLVIK
M.B.
M.B
BACH
HÖHENRÜCKEN (STEILER FELSKAMM!)
FLAK
MG.
STAND E
FELSHOHLBAU
CHEF
MG OA.
SANI.
M.B.
M.B.
MB
GEM. RAUM
KÜCHE
MB
SCHREIBSTUBE
NORWEGER HÄUSER
MIL. BARACKEN
RUNDUM - HINDERNIS
BACH
WEG NACH ÖVERAAS / VESTNES
FELSBLOCK SPERRE
Overaas / NORWEGEN
19.4.42 – 14.1.45

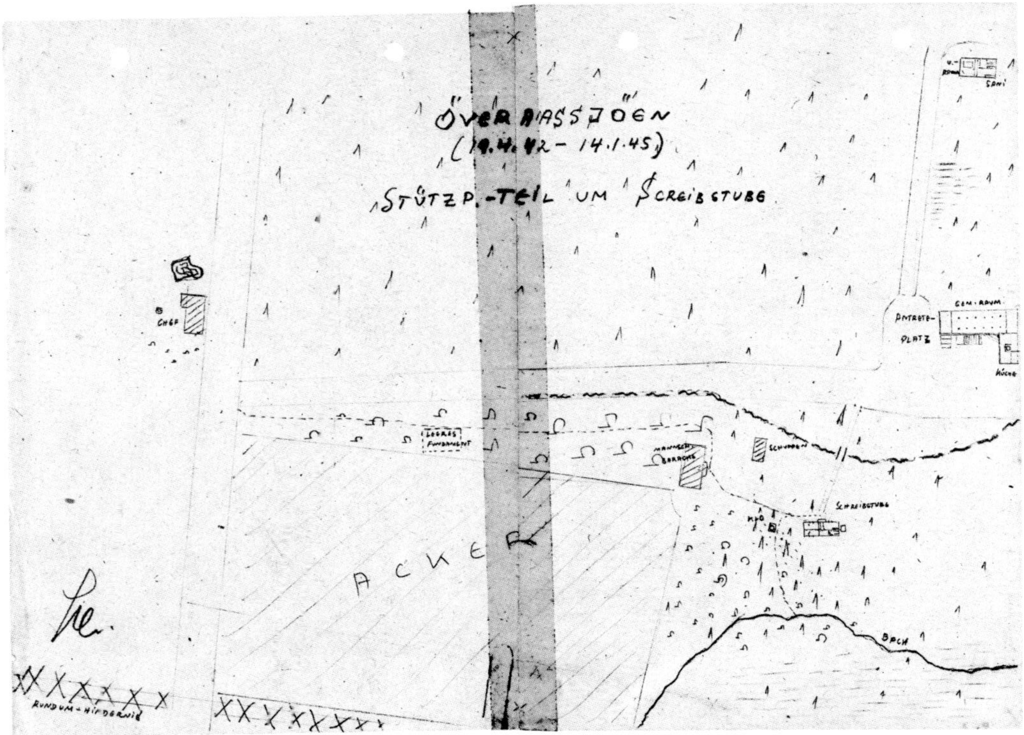

ÖVERMASSJÖEN
(19.4.42 – 14.1.45)
STÜTZP.-TEIL UM SCREIBSTUBE
CHEF
LEERES FUNDAMENT
MANNSCH. BARACKE
SCHUPPEN
SCHREIBSTUBE
KdO
ANTRETE-PLATZ
GEM.-RAUM
KÜCHE
SANI
ACKER
BACH
RUNDUM-HINDERNIS

Das Foto trägt auf der Rückseite den handschriftlichen Vermerk: »Sommer 1942 in Norwegen / Överaasjøen (gegenüber Molde) / b. Vastnes. / Romsdals=Fjord Arno Schmidt«

ERINNERUNGEN AN ARNO SCHMIDT IN NORWEGEN

von Max Ames,
aufgeschrieben von Bernd Rauschenbach

Max Ames, heute Hotelier an der Mosel, kann sich aus Gesundheits- und Altersgründen nurmehr in groben Umrissen an seine Soldatenzeit in Norwegen erinnern. Er ist jedoch der einzige von Schmidts Kriegskameraden, mit dem wir bisher Kontakt aufnehmen konnten.

Max Ames befand sich vom Aufstellungsort Lauban an, wo die Soldaten auf ihren Einsatz im bereits besetzten Norwegen vorbereitet wurden, in Arno Schmidts Einheit. Schmidt begann damals, nach Bekanntwerden des Einsatzlandes, Norwegisch zu lernen; in Norwegen führte er dann mit Einheimischen Verhandlungen über Unterkünfte und Verpflegung.

Die von Schmidt in den ›Kriegsdaten‹ (s. S. 203) angeführte Marschroute kann Ames bestätigen; von Hamburg aus wurde die Truppe mit dem Transportschiff ›Gotha‹ nach Kristiansand gebracht.

Erstes Lager in Norwegen war einige Wochen lang Leerwag bei Øveraasjøen; dann wurde der Stützpunkt Øveraasjøen selbst ausgebaut. Unterkunft bezog man zuerst in requirierten Norweger-Holzhäusern; später baute die Mannschaft Baracken. Auch ein Kai für Versorgungsschiffe mußte angelegt werden.

Der Stützpunkt, von Stacheldraht und Minenfeldern umgeben, sollte einer englischen Invasion vorbeugen. Bestückt war er mit französischen Schneider-Geschützen aus dem Ersten Weltkrieg und neueren deutschen Flaks.

Die Soldaten waren mit langen norwegischen Gewehren und MGs bewaffnet. Vier norwegische Pferde dienten zum Lebensmitteltransport. Zu Kampfhandlungen (auch gegen Partisanen) ist es nie gekommen; die Geschütze kamen nicht zum Einsatz. Schüsse fielen nur bei der (verbotenen) Wildentenjagd vom Ruderboot aus; dabei sei einmal versehentlich ein Soldat von einem Gestapo-Mann namens Graf erschossen worden.

Als Heeresküstenartillerie war der Stützpunkt der Marine in Molde unterstellt; in Vestnes war ›die Abteilung‹; in Dombås das Kriegsgericht; Post mußte (meist zu Fuß) aus Andalsnes geholt werden, wo dann im Soldatenheim übernachtet werden konnte.

Kommandeur in Vestnes war Major Fremy, als »scharfer Hund« bei der Mannschaft unbeliebt. Vorgesetzte im Stützpunkt selbst waren (zu Beginn) Oberstleutnant Mattner und (zum Schluß) Hauptmann und Batteriechef Georg – Namen aus der Zeit dazwischen erinnert Max Ames nicht. Der Spieß Ernst Blome, ein ›Zwölfender‹, war ein »gerechter Mann«: Max Ames hatte einmal den russischen Kriegsgefangenen, die in einem Arbeitslager innerhalb des Stützpunktes in runden Finnen-Zelten untergebracht waren, heimlich etwas Essen gebracht und wurde von einem Wächter bei Blome angeschwärzt. Blome: »Du weißt Bescheid; die Sache ist erledigt.« Ames bekam keine Strafe. (Die gefangenen Russen sind später ausgebrochen und haben sich bei Norwegern versteckt gehalten; erst nach Kriegsende kamen sie wieder zum Vorschein.)

Ames kannte Arno Schmidt nur dienstlich, privat hatten die beiden kaum Kontakt. Auch mit anderen Kameraden sei Schmidt nicht enger bekannt gewesen – nur zum Schachspiel[1] sei er mit einigen zusammengekom-

Arno Schmidt als Soldat in Norwegen

Die ›Schreibstube‹ in Øveraasjøen

men. Schmidt war in der Schreibstube des Stützpunktes, in einem Norweger-Haus im ersten Stock tätig; seine Aufgaben dort waren Max Ames unbekannt. Er selbst war im gleichen Haus darunter in der (Telefon-)Vermittlung und hat Schmidt oft nach Vestnes verbunden. Schmidt habe sich am Telefon meist mit der Frage »Wie ist die Stimmung?« gemeldet. Seinen Dienst habe er korrekt und unauffällig versehen; sein Auftreten sei oft »zackig« gewesen – obwohl Schmidt, wie Ames sehr lebhaft versichert, überhaupt kein Soldatentyp gewesen sei. Von Vorgesetzten sei Schmidt mehrmals angehalten worden, einen Offizierslehrgang zu besuchen: Schmidt lehnte stets ab. Als Major Fremy einmal – (Ames erinnert den Grund nicht mehr) – im Stützpunkt fragte, wer hier der Dümmste wäre, sei Schmidt ohne zu zögern vorgetreten. – Später übernahm Arno Schmidt dann auf Grund seiner (in der Truppe bekannten) Mathematik-Kenntnisse die Berechnung von Schußtabellen für die Kanonen. Daß Schmidt in Norwegen, wie er selbst mehrfach berichtete, Landvermessung betrieben hätte, hält Max Ames für äußerst unwahrscheinlich: Das sei nicht Aufgabe des Stützpunktes gewesen.

Bei Heimaturlaub war die von Schmidt angegebene Reiseroute durch das neutrale Schweden (s. S. 203) die übliche. – Im Laufe des Jahres 1944 wurde eine Urlaubssperre erlassen, die bis Kriegsende nicht mehr aufgehoben wurde. Nur Frontsoldaten bekamen noch Urlaub: Arno Schmidt meldete sich »freiwillig« zur kämpfenden Truppe und durfte noch einmal nach Schlesien fahren.

Ames glaubt sich zu erinnern, daß Erich Kendzia Schmidts Nachfolger in der Schreibstube wurde. –

Nach dem Krieg haben sich Schmidt und Ames nicht wieder gesehen.

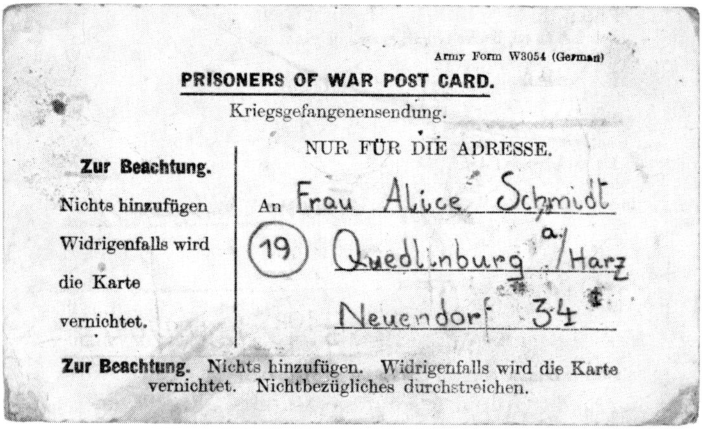
Army Form W3054 (German)

PRISONERS OF WAR POST CARD.

Kriegsgefangenensendung.

NUR FÜR DIE ADRESSE.

Zur Beachtung.
Nichts hinzufügen
Widrigenfalls wird
die Karte
vernichtet.

An Frau Alice Schmidt
(19) Quedlinburg a./Harz
Neuendorf 34

Zur Beachtung. Nichts hinzufügen. Widrigenfalls wird die Karte vernichtet. Nichtbezügliches durchstreichen.

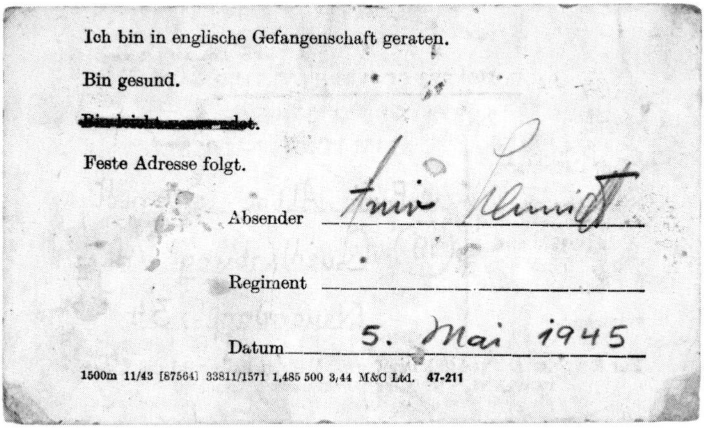
Ich bin in englische Gefangenschaft geraten.

Bin gesund.

[redacted].

Feste Adresse folgt.

Absender Arno Schmidt

Regiment

Datum 5. Mai 1945

1500m 11/43 [87564] 33811/1571 1,485 500 3/44 M&C Ltd. 47-211

Schritte in der Nachtstille

VON ARNO SCHMIDT

Von Heinz Jerofsky im Sommer 1983 aus der Erinnerung aufgezeichnet. Die Sammlung selbst ist im Krieg verlorengegangen (vgl. oben S. 46); das Erinnerte umfaßt etwa ein Drittel des ursprünglichen Textes. Die Zuverlässigkeit der Erinnerung konnten die Herausgeber an einigen von Arno Schmidt in seine Juvenilia aufgenommenen Gedichten überprüfen. Sich dabei ergebende einzelne geringfügige Abweichungen wurden nicht übertragen, da nicht auszuschließen ist, daß die im Nachlaß erhaltenen, mindestens vier Jahre nach der ursprünglichen Sammlung niedergeschriebenen Gedichte von Arno Schmidt verbesserte Fassungen darstellen. – Die Gedichte auf den Seiten 225–231 waren nicht Bestandteile der Sammlung.

I

O du Schöne
da komme ich atemlos vom Windfang
und bringe dir mein Herz
ich trage dir all meine Sterne zu
atemlos vom Herzen der Nacht
verwühlt in die Glieder des Sturmes
beblickt von dir, goldäugige Schlankschenklige
schön bereit zum Liebeskrieg
alles verwirrst du
das Haar der Berenice verstummt vor deinen Flechten
da zerbricht mein getürmter Stolz
da lächle ich verzehrt
lächle wehmütig und listig
in dein Augenmeer.

II

Schritte in der Nachtstille

Da eine Geige weinte um Mitternacht
hat mich mein Rausch in mondhelle Gassen gebracht
leis tönt mein Schritt in der Nacht.

Lampiges Fenster weht auf
Stimmen und Wolkenzug
Brunnengeliebte am Markt spendet aus steinernem Krug
herbstliches Wasser trank ich in stummem Zug.

Wind im Gehölz, Wanderwind striegelt mein Haar
Kammer in der du schläfst füllt er dir wunderbar
Mond auf den Kissen küsst dich schon manches Jahr.

Da alle Wolken reisen um Mitternacht
Habe auch ich den Weg zu deinem Fenster gemacht
Flüstert mein Lied in der Nacht.

III

Du lehnst behutsam an erfülltem Wind
und läßt den jungen Mond zur Barke werden
mit eifervollen schmiegsamen Gebärden
die noch Symbol und ganz verschwiegen sind.

In schmalen Händen hälst du streichelnd Nacht
dein Lächeln hat die Form von schweren Weinen
die ungeküßt in flachen Schalen schweben.

Du bist den Nachtgetroffnen aller Sinn
bist Hyazinthe, Tier und nicht allein
gelassnes Werden – auch der Schrei darin.

IV

Herbstliche Nacht

Nun, da die Abende vor Herbst verstummen
Durchsegeln Wolken unsre kühlen Nächte
– Verschwunden sind die heißen Sommerprächte –
Wie sanfte Bienen, die im Mondlicht summen.

Das ganze Land ist überspannt von Farben
Die Sterne frösteln hinter roten Zweigen
Der blasse Wind spielt auf den trüben Geigen
Der kalten Hölzer und der feuchten Garben.

Mit herben unversieglichen Gebärden
Vergeben wir die Lieder an das Land.

Ein Schnitter schreitet hinter müden Pferden
Ergriffen durch die goldverschalte Wand
Der meisterlich gewölbten Sternenkammer,
die letzte Aster in der reifen Hand.

V

Im welken Licht beginnt mein zarter Pfad
mit Rebenranken und Geläut verbrämt
und alle Lieder die der Tag gezähmt
sind mir planetenschön und leicht gemacht.

Der Mond begegnet mir auf Schlangenwegen
gelächterhaft und wie ein schlanker Knabe
mit Sternen in den Händen. Keine Gabe
kann noch wie diese bis ins Blut erregen.

Ich liebe manchen Stern wie eine Braut
ich breche lachend durch die Dornenhecken
und bin den Schwelgerwinden angetraut

VI

...
Du stehst gereckt und schlank ein schönes Tier
berückend jung und schmal vor Zärtlichkeit
versinkt der Mond im Nachtmeer und in dir.

VII

Gassenhauer vom Lügner Jambulos

War einst ein Lügner Jambulos
he holla he
durchfuhr das Meer mit Schiff und Floß
sah nichts als Wind und See

Doch als er in die Heimat kam
die Lüge er zu Hilfe nahm
schlug alle Welt in Bann
und was er angeblich erschaut
das sei euch lächelnd anvertraut.
Nun staunet wie er klug gebaut
. . .

VIII

Gadir

Goldmond brennt auf am Festungsturm
in Märchenfernen reist ein Sturm
zaust und zaubert

Ich trage Krüge weinbelaubt
der Wein schwatzt innen laut
Mond reitet an mit Söldnerstern
das rasche Heer verbirgt sich gern
hoch in Wolken

Die wilde Wolkeninsel steht
mit Pässen, die kein Mensch begeht
und schroffen Silberklippen
Mond landet im Wacholdermeer
die kleine Stadt schläft hell und leer
hoch im Bergland

Ich steige leicht wie Wind empor
zum Wolkenwald durch Wolkentor
weiß nicht wie meine Spur verlor
Ich wandre mit der Wolke.

IX

Der Mond steht blaß, ein Kupfergong
sehr hoch im Äther
auf gläsernen Stengeln
wiegen sich Tulpen
im Winde der Wiesen
durch die warme Abendluft
kommen Schritte
Mandolinenspiel im Dämmerschein.

Nun kehre ich ein
bei Kräutern und Riesen

X

Als der Gott Râ zum Greise wurde
sterbend Namen und Gestalt tauschte
hob er am fernen Arm der ewigen Waage
die schöne Lampe Šin den Zecherliebling.
Aug in Aug standen sich beide
huldvoll überstrahlte ihr Haar das zwiefarbne Land
...

Verworrenheit

Wohl ist es oft, als könnten unsre Hände
die Bilder formen, die sich zu uns drängen,
als könnten wir des Geistes Fessel sprengen
und eingehn in die Zeiten großer Wende.

Dann stürmen wir bestürzt durch das Gelände
und suchen Wolken hinter Hügelhängen
und frühen Mond. Doch allen unsern Gängen
bestimmt das Schicksal stets ein wirres Ende.

Du wilder Weg, wir geh'n in harten Schuh'n
die Felder flüstern Wind fährt durch die Nacht
wir rufen auf und wollen nimmer ruh'n

doch schon sind unsrer Schöpfung Schauer weit.
Wir taumeln, lächeln ohne Macht
und sinken wieder in Verworrenheit

(An Hermann Stehr gesandtes Gedicht)

Verbrüderung.

Dem Dichter des Steppenwolfes in hoher Verehrung.

Blutbruder Gras, ich liebe dich;
dein Wasserglanz stürzt über mich
wie eine Schale Tau.
Ich hebe meine Hände her
und streichle dich so süß und schwer
und mehr und immer, immer mehr
wie die geliebte Frau.
Die Himmelsschale blau
vergießt ihr schmetternd goldnes Licht
über mein sinkendes Gesicht;
ich wehre nicht und streite nicht;
der Wind, der weiße Wolken flicht,
kommt herrisch und geht lau.
Die Wolke steht und sieht mich an,
der Bach läuft blau und blank heran
auf seinen Silberfüßen;
der Mittag geht, die Dämmrung geht,
der Abend voller Feuer steht
und weiße Sterne sprießen.
Ich singe unverletzt und laut
an Wasser, das aus Teichen blaut,
Windsbraut ist meine wilde Braut –
einst hatt ich eine andre –.
Die lacht und schwatzt nicht halb so schön
wie Räder, die in Bächen gehn,
in weißen, weißen Wässern gehn,
indes ich rufend wandre.

(An Hermann Hesse gesandtes Gedicht)

Bürgerlicher Abend.

I

Wir gehn wie Wind bei Nacht in Gassen um;
der Winter wiegt sich in den dunklen Bäumen.
Wie unterm hellen Mond die Wolken schäumen!
Von fern dringt Ruf und der Musik Gesumm.

Die Plätze liegen weiss und schauern sehr.
Die Blätter rascheln auf den kalten Fliesen;
im Dunkeln kommt der Wind aus fahlen Wiesen
und treibt sie klug und seltsam hin und her.

Nun tritt der Mond aus einer breiten Wolke:
von dannen gaukelt die astrale Landschaft –
er zeigt sie schnell uns unglücklichem Volke.

Wir stehn, die Hände in den Manteltaschen,
und freun uns ob der zaubrischen Gesandschaft,
indes die Schatten um uns Blätter haschen.

2

Fast will der Wolkenzauber niemals enden.
Auf stillgewordnem Platze steh' ich lange
und lehne mich an eine Gitterstange
und streichle sie mechanisch mit den Händen.

Der Schnee schwebt goldig leicht um die Laternen;
doch schon teilt Wind die hellen Wolkenschollen,
die glitzernd unterm Mond von dannen tollen:
wie seltsam laufen Wolken zwischen Sternen!

Der Mond taucht auf und ab im hellen Schwarme,
erfroren steht der blanke Brunnen da :
Nun geh auch du, und rege deine Arme!

Und jeder Schritt singt auf wie Schlittenkufen.
Vor Schenken sind Geschrei und Lampen nah',
und fröhlich hör ich manche Stimme rufen.

3

Vergilbt vom Tag, und dem Büro entronnen
hock' ich am Ofen, nahe bei der Glut,
die wie ein Tier mit rotem Fellchen ruht;
ich lausch dem Winde, schweigend und versonnen.

Verstohlen nehme ich ein Blatt Papier
und falte Schiffchen, die dann schnell verbrennen;
ich kann die Glut »das rote Meer« benennen,
und eine Zaubermannschaft fährt mit mir.

Der Wind saust schrill und wunderlich ums Haus,
und hellgrün brennt der Mond um Mitternacht.
Die stille Glut löst bunte Träume aus.

Und während lautlos ich zum Fenster schreite,
so musiziert mein Radio sehr sacht :
das Zimmer flüstert; strahlend schweigt die Weite.

Jupiter, der gute Hirte.

Durch die Wiesen, feuchte Felder,
stets begleitet mich der Stern.

Will mich im Gebüsch verstecken,
will in dunklen Gassenecken
spielerisch mich mit ihm necken :
Lächelnd steht er wieder da!

Liege ich in meinem Bette
stiehlt er sich um Hausesecken
tief in den mondhellen Hof.
In dem weissen kurzen Mantel
und den weissen Schnallenschuhen
lehnt er schweigend sich ins Fenster.

Wolken, weisse Wolken ziehen....

Schliesse ich die müden Augen,
tappt er leicht in meinen Traum.

Finis terrae

(Gedichte Arno Schmidts aus seinem Brief an Heinz Jerofsky vom 22.11.35)

– Believe, dead poets are not always dead:
once, in a wintry night, when storm has ceased
and in each constellation sleeky clauds
are resting, white and solemn ebon-rimmed –
ore when at noon the cricket drones its tune:
small voice in sommer-meadows – mainly when
a tricksy woman, whose fine joints thou hast
beloved with glittering senses, burning eyes,
a food to fires unknown, hopes to derite
thee in some fat fool's arms –: Then they will come,
with candles in their hands, serenity
in every crystal air : a transp'rent voice,
whose glassy clearness frozes mortal-ones. –

Some idle verses in Dedication
to Mr. H.J., a not by all means
hopeless but yet veree uncouth
young Gentleman, in return for
many delightful hours spent
with him.
arno schmidt

(Handschriftliche Widmung in: Das Blumenschiff
Nachdichtungen chinesischer Lyrik von Klabund. Erich Reiss Verlag, Berlin –
Geschenk Arno Schmidts an Heinz Jerofsky)

Die toten Dichter sind nicht immer tot!:
Wenn eines Winternachts der Sturm sich legt
und regellos am Himmel müde Wolken
ausruhn von wildem Fluge – weiß und festlich –,
auch wenn die Grille mittags zirpt ihr Lied:
hauchfeiner Ton in Sommerau'n, – besonders,
wenn eine Frau dir, deren feine Glieder
du liebst mit gier'gem Sehnen, Fieberaugen –
Raub wilder Flamme in dir – spotten will
in weicher Tröpfe Arm: – dann kommen sie,
in Händen Kerzen; in kristall'nen Zügen
den Glanz der Ewigkeit! Weltferne Stimme,
die, klar wie Glas, Sterbliche schauern macht.

(Zeitgenössische Übertragung des Widmungsgedichtes durch Heinz Jerofsky)

EINE BITTE
UM NACHSICHT ZUM BESCHLUSS

von Jan Philipp Reemtsma

Dies Buch enthält Materialien für eine irgendwann einmal fällige Biographie Arno Schmidts – nicht mehr. Es erhebt auch als Materialienband keinen Anspruch auf Vollständigkeit. Weitere Dokumente mögen gefunden werden, weitere Erinnerungen sich einstellen. Da aber über die hier behandelten Lebensjahre Arno Schmidts bislang so gut wie nichts bekannt war, schien es den Herausgebern richtig, eine Veröffentlichung des zuhandenen Materials nicht auf den Zeitpunkt zu verschieben, an dem allein die geschwundene Hoffnung auf Mehr die Illusion einer Vollständigkeit produziert hätte. Vielleicht ist auch dieses Buch ein Mittel, irgendwo noch Verschüttetes zu Tage zu bringen.

Eine Lücke in diesem Buch ist nicht mehr zu schließen: die Erinnerungen Alice Schmidts an jene Jahre. – Ich habe die Aufgabe der gesprächsweisen Erschließung der Biographie Arno Schmidts in den Jahren zwischen seinem Tode und dem seiner Frau nicht in Angriff genommen. Man kann mir das mit Recht – ›objektiv betrachtet‹ – zum Vorwurf machen. Zweifellos ist durch diese Unterlassung Vieles gänzlich unzugänglich geworden. – Ich kann hier nur um Verständnis bitten. Nach meinem Gefühl hätten biographische Erkundigungen oder Nachforschungen meinerseits die Zusammenarbeit mit Alice Schmidt, die für die Erhaltung des gesamten Nachlasses von Wichtigkeit war, belastet. In der Mitteilung biographischer Fakten war Alice Schmidt stets zurückhaltend; nicht etwa, wie bei anderen Schriftstellerwitwen bekannt, um einen besonderen Mythos um ihren Mann zu schaffen oder durch Herstellen von Dunkelheiten zu fördern, sondern aus Scheu und sicher auch, um sich den emotionalen Belastungen nicht stellen zu müssen, die ein forciertes Sich-Erinnern mit sich bringt. Ein Insistieren meinerseits hätte sie als den Versuch einer voyeuristischen Indiskretion wahrgenommen, der die weitere Zusammenarbeit belastet hätte.

Ein Beispiel : als Heinz Jerofsky die Abschriften der Schmidt'schen Briefe Alice Schmidt bei ihrem Besuch in Görlitz übergeben hatte, informierte sie mich zwar über die Existenz dieser Briefe (sie waren mir auch zugänglich), sprach aber nie – anders als bei anderen ›Funden‹ – weiter über sie. Ich habe das als den unausgesprochenen Wunsch an mich, sie nicht zu lesen, aufgefaßt und sie also erst nach Alice Schmidts Tod zur Kenntnis genommen. Die Fragen, die sich aus ihnen ergeben hätten – u.a. nach dem legendären Studium Arno Schmidts – blieben also ungestellt.

Ein Außenstehender, und wer wäre das in einem solchen Falle nicht, kann sich wiederum zu Recht eine solche Bitte um Verständnis verbitten. Dergleichen bleibt unauflösbar; was für ein Leben richtig ist, ist es oft nicht für die Nachwelt.

Eine Anmerkung zum Ende : in dem Bild, das dieses Buch und auch andere Berichte über Arno Schmidts Leben zeichnen, kommt Alice Schmidt, nach meinem Gefühl, ›zu schlecht weg‹. Der Grund ist einfach : die Fragen, die man gewöhnlich über das Leben eines Schriftstellers stellt, sind nicht solche, daß man aus ihrer Beantwortung ein angemessenes oder gar gerechtes Bild seiner Lebensgefährtin gewönne. – Es sei auch darauf hingewiesen, daß es einfachere Lebenswege in der Welt gibt, als den, die Frau Arno Schmidts zu sein. – Dieses Buch, das zu ihren Lebzeiten nicht möglich gewesen wäre, widme ich auch ihrem Andenken, das von Seiten der Herausgeber nie ohne große Sympathie bleiben wird.

Für Berichtigungen, Ergänzungen, weitere Erinnerungen, die in einer zweiten Auflage dieses Bandes Platz finden könnten, sind die Herausgeber stets dankbar. Alle Bekannte und Arbeitskollegen Arno und Alice Schmidts sind herzlich gebeten, sich mit der Arno Schmidt Stiftung, D-3101 Bargfeld, in Verbindung zu setzen.

ANMERKUNGEN

Gerüst zu einer Biographie

undatiert, 1 S., DIN A4, handschriftlich

Materialien für eine Biografie

datiert: »1.entwurf / ab 3.7.61 5 h 50 m / in großen Abständen /«, 8 S., DIN A3, Typoskript

Erinnerungen an Arno Schmidt

1 Laut Mitteilung von Herrn Wolfgang Müller, Duderstadt, handelt es sich dabei um den Beginn der dritten Strophe des Gedichts »Im Autonomobilen Reich« von Hans Arp.

Briefe an Heinz Jerofsky

Alle Briefe und Postkarten handschriftlich; Schmidts Rechtschreib- und Interpunktions-Eigenarten wurden beibehalten (z.B. »Sig« statt »Sieg«, Unsicherheit »das« / »daß«, Wechsel von »ss« und »ß«, nicht geschlossene Klammern), Abkürzungen wurden nicht aufgelöst.

Brief an Rosa Junge

14 S., DIN A4, in Alice Schmidts Handschrift. Der Brief wurde nicht abgeschickt. – Alice Schmidts Schreib-Eigenheiten wurden beibehalten, fehlerhafte Schreibung von Fremdwörtern und englischen Eigennamen wurde nicht verbessert.

». . . jene dunklen Greiffenberger Jahre«

1 mit Arno Schmidt nicht verwandt
2 Brief an Arno Schmidt vom 5.10.69
3 Arno Schmidt, »Schwarze Spiegel«, in »Bargfelder Ausgabe« I, 1, S. 258, Zürich 1987.
4 »Algol im Perseus verändert periodisch seine Helligkeit; immer im gleichen Takt.« Arno Schmidt, »Gadir oder Erkenne dich selbst«, in »Bargfelder Ausgabe« I, 1, S. 60, Zürich 1987.
5 Arno Lötzsch und Helmut Bachmayer werden in diesem Protokoll noch erwähnt. Von Ernsting schreibt Johannes Schmidt: »Dipl.-Kaufmann, gedacht als Adjutant Dr. Häussermanns«.
6 Das Go-Spiel wird in »Zettels Traum« erwähnt (S. 976 mo); allerdings nicht in einer Weise, die die von Johannes Schmidt gezogene Folgerung irgend abschwächte.
7 ». . . das Mädchen dazwischen (so übelster Näherinnen-Typ)«, Arno Schmidt, »Leviathan oder Die beste der Welten«, in »Bargfelder Ausgabe« I,

I, S. 37, Zürich 1987 – »1936–37, bei Arno Schmidts täglicher Bahnfahrt Lauban–Greiffenberg (u. zurück) waren viele Näherinnen Arno Schmidt-Mitreisende (aus Langenöls, Schosdorf: Hunderte); der ›Pöbel‹ widerte ihn an«. (Johannes Schmidt).

8 Gehalt am 1.2.1937 RM 100,– (Monatsgehalt); ab 1.7.37 RM 150,–; 1.5.38 RM 165,–; 1.10.38 RM 180,–; 1.2.39 RM 200,– (aus einer durch Johannes Schmidt mitgeteilten Gehaltsliste)

9 Alice Schmidt war vom 27.5.40 bis zum 4.8.41 als Stenotypistin im Reserve-Lazarett Greiffenberg beschäftigt.

10 »Arno Schmidt-England-Reise: ich mußte mich eines Besseren belehren lassen: sie hat tatsächlich stattgefunden; ich habe davon nichts gewußt, auch nachträglich nichts erfahren (oder nichts in Erinnerung behalten)«. (Johannes Schmidt brieflich nach Information über den Brief Alice Schmidts.)

11 »Zumindest die ›Dichtergespräche im Elysium‹ sind ein schlagender Beweis, daß ich Arno Schmidt mit meinem Vorwurf der Unproduktivität unrecht getan habe.« (Johannes Schmidt las die ›Dichtergespräche‹ erst nach dem Gespräch, in dem die Bemerkung über die mangelnde Produktivität fiel.) Weitere (erhaltene) literarische Arbeiten Arno Schmidts vor dem und während des Krieges:

»Die Insel« (1937, Fragment)
»Dichtergespräche im Elysium« (1940)
»Der junge Herr Siebold« (Frühjahr 1941)
»Das Haus in der Holetschkagasse« (Herbst 1941)
»Der Garten des Herrn von Rosenroth« (1942)
»Die Fremden« (1942)
»Mein Onkel Nikolaus« (1943, Fragment)
»Pharos« (?)

12 »Ich habe dann den Hilbert ›Nichteuklidische Geometrie‹, usw. auch selbst durchgearbeitet«, Arno Schmidt, »Aus dem Leben eines Fauns«, in »Bargfelder Ausgabe« I, 1, S. 328 – »Arno Schmidt hat bei mir Hilberts ›Grundlagen der Geometrie‹ gesehen. Ein Hilbert-Buch ›Nichteuklidische Geometrie‹ hat es nicht gegeben.« (Johannes Schmidt)

13 Johannes Schmidt, der sich, obwohl er dies nicht im direkt-hierarchischen Sinne war, doch als der im »Faun« erwähnte »kluge Vorgesetzte« erkennen mußte: »Ich entsinne mich lebhaft des damaligen nächtlichen Gespräches (in Arno Schmidts Wohnzimmer), als ich ausführlich über Plan-Wesen (d.h. zweidimensionale), über das vierdimensionale Raum-Zeit-Kontinuum und dessen hyperbolische oder elliptische Krümmung referierte. Als fortgeschrittener ehemaliger Astronomie-Student (und Assistent auf der Sternwarte) konnte ich Arno Schmidt wenigstens auf kosmischem und mathematischem Gebiet Anregungen und Belehrungen geben – die Arno Schmidt begierig aufnahm.« – Im »Faun« heißt es dann von dem Vorgesetzten: »›Nun

gab jener Herr‹ (ich war es selbst gewesen: der Herr! Triumph!) ...«, aaO.

14 »Ob der alte Sophron noch lebt, und Stier Nikolaos ...«, Arno Schmidt, »Gadir oder Erkenne dich selbst«, in aaO. S. 58 (»›Nikolaos‹ – Nikolaus, kaufmännischer Angestellter, Korrespondent, zackiger Offizierstyp, Werkschutz-Leiter, SA-Führer«, Johannes Schmidt)

15 »... und Direktor Oikandros: brutal, kalt, rundherum glatt gebildet, dabei das seelen- und charakterloseste Reptil, das je die Embleme aller herrschenden Parteien trug – wenn ich ihn sehen mußte, fielen mir grundsätzlich leere runde Zimmer ein, blicklos nickende Vogelköpfe, und das Wort Hausenblase; so habe ich noch keinen wieder verachtet.« Arno Schmidt, aaO.

16 »... wie einst im Thargelion bei Gryphius, Massilia, Berufs- und Sportkleidung«, Arno Schmidt, aaO. – »... beim Blättern in ›Trommler beim Zaren‹ bin ich, auf Seite 92 mitte, auf eine Stelle gestoßen, die nur ein ehemaliger Greiff-Kollege verstehen kann: ›Erst über die übliche, waldtextilene Bodenbindung aus Lichtgräten & Schatten, Potz Elsner & Tiepolt.‹ – Elsner und Tiepolt waren damals (1936–39) in Greiffenberg Textil-Techniker und -Kaufleute, tätig im Stoff-Einkaufs-Büro bzw. Rohlager; Fachmänner auf dem Gebiet der Textil-Bindungslehre. – Ein großer Teil der bei Greiff verarbeiteten Baumwoll-Artikel war sog. Fischgrat-Köper (für Berufsbekleidung)« (Johannes Schmidt)

Erinnerungen an Arno und Alice Schmidt

1 Johannes Schmidt teilt hierzu folgende, von der Greiff-Mitarbeiterin Martha Masur überlieferte Ankedote mit: »Bei Greiff wurde die einstündige Mittagspause in der Regel in der Werkskantine verbracht. Eines Tages machte AS beim Sirenen-Ton (der Pausenbeginn signalisierte) keinerlei Anstalten zum Kantinen-Gang. Auf Fräulein Masurs Frage, ob er keinen Appetit habe, stand AS auf, schnallte seinen Gürtel ein Loch enger und sprach: »Dies war mein Mittagessen.«

Urkundlich belegt?

1 Pressemitteilung des Rowohlt Verlages, 1950

2 Rosa Scholz, Brief an Jan Philipp Reemtsma vom 25.2.85

3 Dr. Norbert Hampel aus Oldenburg berichtete uns während der Korrekturarbeiten an diesem Band, er habe Arno Schmidt an der Universität Breslau regelmäßig im Wintersemester 33/34 in Prof. Clemens Schaefers Vorlesung ›Einführung in die theoretische Physik‹ gesehen; persönlichen Kontakt habe er mit Schmidt nicht gehabt. (Schaefer war Ordinarius für Experimentalphysik; der Ordinarius für theoretische Physik war kurz zuvor von seinem Amt entfernt worden.)

4 Arno Schmidt »Brand's Haide«, in »Bargfelder Ausgabe« I, 1, S. 120, Zürich 1987.

5 Arno Schmidt »Urkundlich belegt«, in ders., »Trommler beim Zaren«, Karlsruhe, 1966, S. 316 f.

Zur Frage der Vordatierung von Schmidts Geburtsdatum fanden sich nach Drucklegung der 1. Auflage folgende Tagebucheintragungen Alice Schmidts: 5.6.55: »Ich soll morgen in Saarburg die Sache mit Arnos Geburtsdatum in Ordnung bringen. Käme im Laufe des Prozesses dann doch raus. Schade nur um unseren Grund der längeren Verheimlichung: die 4 Jahre könnten bei einer Einziehung zur Wehrmacht Rolle spielen. Vielleicht hätte er da gerade nicht mehr Soldat sein brauchen.« – 6.6.55: »Ich z. Landratsamt: Paßstelle. Sage naiv der Beamtin: ›Mein Mann ist 4 Jahre jünger als in seinen Papieren steht. Als Kriegsgefangener in Brüssel hieß es damals: unter 30 links, über 30 rechts. Und Gemurmel: Diese jüngeren kämen in die Bergwerke. Da hat sich mein Mann um 4 Jahre älter gemacht, da keine Papiere mehr vorhanden, u. so stands dann in seinen Entlassungspapieren.‹«

Auszug aus einem Brief . . .

Insgesamt 4 eng getippte DIN A4 Seiten, Briefdurchschlag.

1 Anm. d. Hrsg.: Im Nachlaß Arno Schmidts befindet sich ein von Schmidt handgeschriebener Zettel, datiert »Kastel, den 16.1.1955«, auf dem es u.a. heißt: »Ich erkläre hiermit ausdrücklich, daß [meine Mutter] mit ihren Intrigen und erotischen Affären meine ganze Jugend während der Laubaner Jahre (1928–37) vergiftet hat; man rief mir auf den Straßen ›Hurenjunge‹ laut nach; und die ganze unsägliche Einsamkeit und Bitternis jener Jahre (und der späteren!) sind hierauf zurückzuführen. Meine Eltern waren mein Fluch! Aber meine Mutter am meisten!!«

Kriegsdaten

Transkription der Postkarte von Seite 195:

9.4.40 Liebe Mama! Habe gerade Einberufung bekommen; muss morgen Mittag in Hirschberg sein; Artillerie. Sobald als möglich schreibe ich Dir die Feldpostnummer. Also: Lass Dir's gut gehen. Arno.
Herzlichen Gruß Alice. Kannst Dir meine Verfassung vorstellen.

Die Seiten 203 bis 206 sind eine Zusammenstellung der Herausgeber aus drei jeweils undatierten, teils hand- teils maschinenschriftlichen Datenlisten Arno Schmidts.

[1] Undatierter, maschinenschriftlicher Notizzettel Alice Schmidts aus dem Nachlaß: »lt. Arno selbst, anläßlich einer Feier im norwegischen Stützpunkt stand in einem dafür herausgegebenen Blättchen zu lesen: ›Doch einen wollen wir nicht vergessen: Schmidt. Unbesiegt im Schachspiel und im Fressen.‹«

REGISTER

A) PERSONEN

Aufgenommen wurden direkte und indirekte Erwähnungen von natürlichen Personen, Firmen sowie Gestalten aus Mythologie und Religion.

Abraham, Max (1875–1922; dt. Physiker) 151
Achilleus (gr. Held) 67
Allah (Spitzname Arno Schmidts bei seinen Görlitzer Klassenkameraden) 33
Ames, Max (Kriegskamerad Arno Schmidts) 211 ff
Amos (Prophet) 23 f
Andromache (Gattin des Hektor) 88
Anna Boleyn (1507–1536; engl. Königin) 87
Apoll (Spitzname Arno Schmidts bei seinen Görlitzer Mitschülern) 163
Arndt, Ernst Moritz (1769–1860; dt. Schriftsteller) 182
Augustinus, Aurelius (354–430; Kirchenlehrer) 55
Bach, Johann Sebastian (1685–1750) 56, 137
Bachmayer, Helmut (Kollege b.d. Greiff-Werken) 135, 153 f, 239
Bäsold (Antiquar in Görlitz) 37
Becker, Richard (1887–1955; dt. Physiker) 151
Behrend (?) 58 f
Bekker, Balthasar (1634–1698; holl. Theologe) 159
Berté, Heinrich (1858–1924; dt. Komponist) 108
Bizet, Georges (1838–1875; frz. Komponist) 47
Blake, William (1757–1827; engl. Dichter und Maler) 115, 120
Blome, Ernst (Kriegskamerad Arno Schmidts) 16, 212
Blume (Ehepaar; Kollege b.d. Greiff-Werken) 155 f, 169, 173, 182
Bonaventura (eigentl.: Klingemann, Ernst; 1777–1831; dt. Schriftsteller) 157
Boreas (gr. Windgott) 64
Brentano, Clemens (1778–1842); dt. Schriftsteller) 153
Buddha (um 560 v.Chr.–um 480 v.Chr.) 33
Bürgel, Bruno Hans (1875–1948; dt. Schriftsteller) 151
Bulwer-Lytton, Edward George (1803–1873) 133
Busch, Wilhelm (1832–1908) 137
Busoni, Ferruccio (1866–1924; ital. Komponist) 37, 44
Carlyle, Thomas (1795–1881; engl. Schriftsteller) 15
Cervantes Saavedra, Miguel de (1547–1616) 134, 158
Claude Lorrain (eigentl.: Gelée, Claude; 1600–1682; frz. Maler) 114
Coleridge, Samuel Taylor (1772–1834; engl. Schriftsteller) 69
Cooper, James Fenimore (1789–1851) 17, 134

Courant, Richard (1888–1972; dt. Mathematiker) 151
Cromwell, Oliver (1599–1658; engl. Staatsmann) 15
Cyross (auch: Kyros; gest. 529 v. Chr.; pers. Herrscher) 65
Dacqué, Edgar (1878–1945; dt. Urweltforscher) 61
Dahlen, Daniel von (Buchhändler, Verleger) 159
Dante Alighieri (1265–1321) 70 f, 115, 156
Darwin, Charles (1809–1882) 117
Dickens, Charles (1812–1870) 115, 117, 157
Döblin, Alfred (1878–1957) 134
Dominik, Hans (1872–1945; dt. Schriftsteller) 151
Doré, Gustave (1832–1883; frz. Maler und Illustrator) 158
Dostojewski, Fedor Michajlovič (1821–1881) 157
Dumas, Alexandre (1802–1870; frz. Schriftsteller) 88
Eddington, Arthur Stanley (1882–1944; engl. Astronom und Physiker) 151
Ehrentraut (Familie; Verwandte Arno Schmidts, mütterlicherseits) 20, 21, 24, 187
Eichendorff, Joseph von (1788–1857) 105, 137
Einstein, Albert (1879–1955) 44, 151
Elizabeth I. (1533–1603; engl. Königin) 116
Ellmann, Richard (geb. 1918; engl. Literaturhistoriker) 15
Elsner (Kollege b. d. Greiff-Werken) 241
Engels, Friedrich (1820–1895) 51
Erich Reiss Verlag 230
Erlenmeyer, Emil (1825–1905; dt. Chemiker) 44
Ernsting (Kollege b. d. Greiff-Werken) 136, 239
Feuerbach, Ludwig (1804–1872; dt. Philosoph) 139
Flammarion, Camille (1842–1925; frz. Astronom) 56
Fouqué, Albertine (geb. Tode; 1806–1876; Frau v. F., Friedrich) 182 f
Fouqué, Friedrich Baron de la Motte (1777–1843) 13, 67, 150, 157, 182 f
Fremy (Kriegskamerad Arno Schmidts) 212, 215
Freud, Sigmund (1856–1939) 158
Furtwängler, Wilhelm (1886–1954; dt. Dirigent) 47
Ganghofer, Ludwig (1855–1920; dt. Schriftsteller) 87
Georg (Kriegskamerad Arno Schmidts) 212
Gneisenau (pr. Militär; um 1866) 21
Göpel (Kollege b. d. Greiff-Werken) 135
Goethe, Johann Wolfgang (1749–1832) 88, 137
Goldix-Werke 138
Goldschmidt, Otto (geb. um 1860; Vater v. Schmidt, Otto) 20
Golombek Friedel, s. Niehaus, F.
Goyert, Georg (1884–1966; dt. Schriftsteller und Übersetzer) 158
Grabbe, Christian Dietrich (1801–1836; dt. Schriftsteller) 148
Graf (Gestapo-Mann in Norwegen) 212
Graff, Kasimir Romuald (1878–1950; dt. Astronom) 151

Greiff-Werke AG 11, 48, 64, 68, 70, 75 ff, 84, 135 ff, 153 ff, 163 ff, 174 ff, 241
Grosier, Jean Baptiste Gabriel Alexandre (1743–1823; frz. Jesuit und Historiker) 89
Gundlach (Mikroskop-Hersteller) 167
Gustav Winkler KG 139
Händel, Georg Friedrich (1685–1759) 117
Häussermann, Erich (Leiter der Greiff-Werke) 64, 138, 153 ff, 163 f, 169, 239 f
Hagen (Familie; Verwandte Arno Schmidts; mütterlicherseits) 22
Hamburg-Südamerik. Dampfschiff-fahrtsgesellschaft 93, 95, 105 f
Hampel, Norbert 241
Hanisch (Familie; Verwandte Arno Schmidts, mütterlicherseits) 22 ff
Hartmann, Eduard (1842–1906; dt. Philosoph) 158
Hasenfelder (Lehrer Arno Schmidts) 44 f, 61, 63
Hauptmann, Gerhart (1862–1946; dt. Schriftsteller) 69
Haym, Rudolf (1821–1901; dt. Literaturhistoriker) 15
Hegel, Georg Wilhelm Friedrich (1770–1831) 32
Heinrich VIII. (1491–1547; engl. König) 116
Heisenberg, Werner (1901–1976; dt. Physiker) 134
Hektor (Held der Trojaner) 88
Herder, Johann Gottfried (1744–1803) 15
Hermes (gr. Gott) 58
Herodot (um 490 v. Chr. – um 420 v. Chr.) 56
Herschel, Friedrich Wilhelm (1738–1822; dt. Astronom) 117
Hesse, Hermann (1877–1962) 49, 226
Heykens, Jonny (1884–?; ndl. Komponist) 108
Hilbert, David (1862–1943; dt. Mathematiker) 152, 240
Hoelscher, Ludwig (geb. 1907; dt. Cellist) 137
Hoffmann, Ernst Theodor Amadeus (1776–1822) 56, 67, 134, 166
Hogarth, William (1697–1764; engl. Maler) 158
Holberg, Ludvig (1684–1754; dän. Schriftsteller) 156
Homer (etwa 9./8. Jh. v. Chr.) 66 f, 70 f
Honigmann (Pianistin) 137
Humboldt, Alexander von (1769–1859; dt. Naturforscher) 89
Jean Paul (eigentl.: Jean Paul Friedrich Richter; 1763–1825) 134
Jeans, James Hopwood (1877–1946; engl. Mathematiker, Physiker und Astronom) 151, 153
Jerofsky, ... (Bruder v. J., Heinz) 86
Jerofsky, Heinz (geb. 1914) 16, 31 ff, 55 ff, 104, 173 ff, 219, 229 f
Joyce, James (1882–1941) 15, 158
Joyce, Stanislaus (1884–1955; Bruder v. J., James) 15
Junge, Rosa; siehe: Scholz, Rosa
Kant, Immanuel (1724–1804) 32, 55, 152
Kendzia, Erich (Kriegskamerad Arno Schmidts) 16, 215
Kiesler, Lucie Hildegard (Schwester Arno Schmidts; 1911–1977) 11, 14, 16, 18, 174, 187 f

Kiesler, Rudi (Mann v. K., Lucie) 174, 188
Klabund (eigentl.: Henschke, Alfred; 1890–1928; dt. Schriftsteller) 230
Klages, Ludwig (1872–1956; dt. Philosoph und Psychologe) 157
Kleinberger (Industrieller) 149
Knobloch (Familie; Verwandte Arno Schmidts; mütterlicherseits) 21
Kolbenheyer, Erwin Guido (1878–1962; öster.-dt. Schriftsteller) 44
Kolumbus, Christoph (1451–1506) 62
Lagerlöf, Selma (1858–1940; schwed. Schriftstellerin) 95
Laokoon (Priester des Apollo in Troja) 59
Laotse (chin. Philosoph) 33
Laplace, Pierre Simon (1749–1827; frz. Physiker, Mathematiker und Astronom) 152
Laßwitz, Kurd (1848–1910; dt. Schriftsteller) 151
Le Bon, Gustave (1841–1931; frz. Psychologe) 137
Lehár, Franz (1870–1948; öster. Komponist) 108
Leibniz, Gottfried Wilhelm (1646–1716; dt. Philosoph) 157
Lenau, Nikolaus (1802–1850; dt. Schriftsteller) 59
Leonardo da Vinci (1452–1519) 114, 119
Lessing, Gotthold Ephraim (1729–1781) 15, 19, 72, 134
Lichtenberg, Georg Christoph (1742–1799; dt. Schriftsteller und Physiker) 158
Lindemann, Heinrich (Bauer) 205
Lockhart, John Gibson (1794–1854; engl. Schriftsteller) 15
Lötzsch, Arno (Kollege, b.d. Greiff-Werken) 135, 137, 153, 239
Lufthansa AG 94f
Mangoldt, Hans von (1854–1925; dt. Mathematiker) 151
Maria Stuart (1542–1587; schott. Königin) 116
Mark Twain (eigentl.: Samuel Langhorne Clemens; 1835–1910) 68f
Massenbach, Christian Ludwig August von (1758–1827; pr. Obrist) 150
Masur, Martha (Kollegin b. d. Greiff-Werken) 241
Mattner (Kriegskamerad Arno Schmidts) 212
May, Karl (1842–1912) 15
Mechanische Weberei Lauban AG 135, 149
Mercator (eigentl.: Kremer, Gerhard; 1512–1594; Kartograph) 152
Meyers Enzyklopädisches Lexikon 19
Meyrink, Gustav (eigentl.: Meyer, Gustav; 1868–1932; dt. Schriftsteller) 36
Michels, Wilhelm (geb. 1904; Freund Arno Schmidts) 16
Michelson, Albert (1852–1931; am. Physiker) 44
Moede, Walther (1888–1958; dt. Psychologe) 138
Mohammed (um 570–632) 33
Moritz, Karl Philipp (1756–1793; dt. Schriftsteller) 15
Mozart, Wolfgang Amadeus (1756–1791) 56, 66, 86

Mucki, Spitzname für, siehe: Hasenfelder
Murawski, Alice, siehe: Schmidt, Alice
Murawski, Else (Mutter v. M., Werner und Schmidt, Alice) 140 f, 165, 167
Murawski, Werner (1924–1943; Bruder v. Schmidt, Alice) 94, 98, 165, 198
Nelson, Horatio (1758–1805; engl. Seeheld) 118
Niehaus (Ehepaar: Ernst und Friedel; Kollegen b.d. Greiff-Werken) 7, 163 ff, 173, 175
Nietzsche, Friedrich (1844–1900) 32, 59 ff, 137, 139, 157
Nikolaus (Kollege b.d. Greiff-Werken) 241
Nissen, Claus (Bibliothekar) 16
Onheit (?) (Komponist?) 108
Osgood, William Fogg (1864–1943; am. Mathematiker) 151
Ovid (43 v.Chr.–um 18) 87
Planck, Max (1858–1947; dt. Physiker) 151 f
Poe, Edgar Allan (1809–1849) 115, 131, 158
Rembrandt (eigentl.: R. Harmensz van Rijn; 1606–1669) 114
Rilke, Rainer Maria (1875–1926) 37
Rosenberg, Hans (1879–1940; dt. Astronom) 135
Ruffo, Titta (eigentl.: Ruffo Cafiero Titta; 1877–1953; ital. Bariton) 44
Sargon II. (721–705 v.Chr.; König von Assyrien) 64
Schaefer, Clemens 241
Schefer, Leopold (1784–1862; dt. Schriftsteller) 19, 68
Schiller, Friedrich (1759–1805) 137
Schlesische Schürzenfabrik Greiffenberg 137, 139
Schlotter (dt. Künstlerfamilie) 16
Schmidt, Alice (geb. Murawski; 1916–1983; Frau Arno Schmidts) 12 f, 16, 22, 24, 39, 49 f, 65, 70, 71 f, 79 ff, 83, 85, 93 ff, 133, 136, 140 ff, 153 f, 156, 164 ff, 173, 175, 177, 180, 187 ff, 198, 203 ff, 235 ff, 239 f, 242
Schmidt, Clara (geb. Ehrentraut; 1884–1973; Mutter Arno Schmidts) 11, 14 f, 16, 17 ff, 20 ff, 93, 165 f, 176, 187 ff, 242
Schmidt, Johannes (geb. 1911; Kollege b.d. Greiff-Werken) 16, 113, 133 ff, 169, 173 f, 182, 239 ff
Schmidt, Lucie, siehe: Kiesler, Lucie
Schmidt, Minna Alwine (1864–1912; Mutter v. Sch., Otto) 20
Schmidt, Otto (1883–1928; Vater Arno Schmidts) 11, 14, 17 ff, 23 f, 187, 242
Schmidt, Robert (geb. 1898; dt. Mathematiker) 153
Schöngart (Kollege b.d. Greiff-Werken) 71
Scholz (Familie; Verwandte Arno Schmidts, mütterlicherseits) 21
Scholz, Rosa (geb. Junge; Freundin Alice Schmidts) 93 ff, 164, 173 ff, 180, 187 ff, 239, 241
Schopenhauer, Arthur (1788–1860) 32, 85, 157
Schubert, Franz (1797–1828) 137
Schubert-Berte, siehe: Berté, Heinrich
Schütz, Heinrich (1585–1672; dt. Komponist) 137

Schweda (Kollege b.d. Greiff-Werken) 135
Scott, Walter (1771–1832; schott. Schriftsteller) 15
Shakespeare, William (1564–1616) 57, 87, 117
Spinoza, Baruch de (1632–1677; holl. Philosoph) 157
Spitzweg, Carl (1808–1885; dt. Maler) 88
Stefan, Hilde (Kollegin b.d. Greiff-Werken?) 63 f
Stehr, Hermann (1864–1940; dt. Schriftsteller) 49, 226
Stephan (Kollege b.d. Greiff-Werken) 169
Stifter, Adalbert (1805–1868) 87, 157
Storm, Theodor (1817–1888) 87
Strauss, Richard (1864–1949; dt. Komponist) 47
Thomae (Lehrer Arno Schmidts) 34 f, 68
Thrun, ... (Vater v. T., Kurt) 57
Thrun, Kurt (Mitschüler Arno Schmidts) 57, 72
Thukydides (um 460 v.Chr.–nach 400 v.Chr.; gr. Geschichtsschreiber) 72
Tieck, Ludwig (1773–1853) 134, 157
Tiepolt (Kollege b.d. Greiff-Werken) 241
Tode, Albertine, siehe; Fouqué, Albertine
Tschirwitz (Kollege b.d. Greiff-Werken) 137
Turner, William (1775–1851; engl. Maler) 114 f, 158
Urfé, Honoré d' (1567–1625; frz. Schriftsteller) 89
Verne, Jules (1828–1905) 151, 157
Wackenroder, Wilhelm Heinrich (1773–1798; dt. Schriftsteller) 157
Wagner, Cosima (1837–1930; Frau v. W., Richard) 87
Wagner, Richard (1813–1883; 47 f, 87
Weise (Ehepaar; Kollege b.d. Greiff-Werken u. Nachbar) 148, 154
Wellington, Arthur Wellesly Herzog von (1769–1852; engl. Feldherr und Staatsmann) 118
Werfel, Franz (1890–1945; öster. Schriftsteller) 36
Wiedemann, Marthel (Mitschülerin Arno Schmidts) 60 f
Wieland, Christoph Martin (1733–1813) 124, 134, 158, 189
Winkler-Firmengruppe 139
Winkler, Gustav (Industrieller) 135, 154
Winkler, Helmut (Industrieller) 137, 155, 169
Wollschläger, Hans (geb. 1935; dt. Schriftsteller) 133, 180
Wolff, Paul (Vater v. W., Hanne) 57, 60
Wolff, Johanna (1913–1980) 36 f, 45 f, 48, 55 ff, 60, 62 ff

B) ORTE, BERGE, FLÜSSE, LÄNDER

Alle Namen in der heute üblichen Schreibung; nicht aufgenommen wurden bloße Erwähnungen in den Datenlisten der Seiten 11, 12 u. 14.

Aalen/Württemberg 138, 154
Åndalsnes 204, 212
Aarhus 204
Achmer 205
Akkad 64
Alster 95
Arendal 204
Aschersleben 204
Aurich 204
Bad Schandau 204
Bad Warmbrunn 60
Bärnsdorf 139
Bamberg 138, 155 f
Bargfeld 51, 150 f
Benefeld 206
Bentheim 205
Berlin 22, 93 f, 120, 138, 203, 226
Bramsche 205
Bremen 204
Breslau 57, 135, 151, 166, 174 ff, 241
Brüssel 205
Budapest 94
Celle 19
China 23, 89, 187
Cordingen 50, 147, 150 f, 206
Cuxhaven 107, 109
Delmenhorst 204
Dinklage 205
Dohna 204
Dombås 203 f, 212
Drammen 203
Dresden 164, 203
Elath 64
Elbe 107
Elsaß 203
Emden 204
England 87, 113, 117, 119, 148 f, 165 f, 168, 173, 240
Essen/i. Oldbg. 204
Eton 119
Eurotas 55
Flensburg 204
Frankfurt/Oder 139
Frankreich 87 ff
Friedland (Schlesien) 20, 204
Fürstenstein (bei Waldenburg) 120
Gedser 203
Glauchau 204
Glogau 70 ff
Görlitz 16, 22, 31, 35 ff, 48, 50 f, 55 ff, 163 f, 169, 176, 236
Göttingen 70
Gohfeld 16
Goldentraum 68
Greiffenberg 48, 65, 70 f, 75 ff, 82 ff, 93, 99 ff, 120 f, 134 f, 137 ff, 165 ff, 173, 180, 188 f, 198, 203 f, 240 f
Hälsingborg 203
Hagenau 168, 200, 203
Halbau 19
Halle 203 f
Hamburg 17 f, 21, 94 ff, 111, 120, 176, 187 ff, 203 f, 211
Harburg 19
Hasbergen 205
Hedersleben 204
Hekatompylos 64
Hela 19
Helgoland 203
Helsingør 203
Hirschberg 86 ff, 139, 203, 242
Hohes Rad (Berg) 18
Holland 205
Huchting 204
Ibbenbüren 205

Isergebirge 122
Italien 85
Kaiserswalde 204
Kap Skagen 203
Kiel 134, 153
Knossos 64
Königgrätz 21
Kohlfurt 61
Kopenhagen 203
Kreischa 204
Kristiansand 203, 211
Küpper 20
Langenöls 240
Lauban 18, 20 ff, 25 ff, 31, 36 ff, 48 ff, 56 ff, 99 ff, 135, 138 f, 141, 163, 165 f, 176, 187 ff, 203, 240, 243
Lausitz 19
Leer 204
Leerwag 211
Leipzig 50, 134, 203 f
Lengerich 205
Liebichau (bei Bunzlau) 120
Liegnitz 21, 57
Löwenberg 139
Lomnitz 139
London 85, 93, 109 ff, 149
Luthe 206
Magdeburg 21
Maginot-Linie 87
Maidenhead 118 f
Mainz 16
Mandschurei 187
Migdol 64
Mittellandkanal 205
Molde 210, 212 f
Mosel 211
München 16
Münster 205
Munster 206
Muskau 68
Nantes 89
Neuburg 138
Niederlausitz 19
Nordenbroß 205
Nordhausen 22
Norwegen 148, 168, 203, 210 ff
Oberlausitz 56
Oberschreiberhau 49
Oder 72, 139
Öls 21
Österreich 86
Øveraasjøen 203 f, 207 ff, 210 ff
Oldenburg (Landkreis) 204 f
Oslo 203 f
Oßmannstädt 124, 203
Osterholz 204
Ottersberg 204
Paris 88 f
Pasargadae 65
Pirna 204
Plagwitz 55
Prag 94, 188
Quakenbrück 204
Quedlinburg 188 f, 204
Ratzeburg 204
Recke 205
Reifträger (Berg) 18
Riesengebirge 18, 49, 86 ff
Romsdalsfjord 203, 210, 213
Rudolstadt 203
Särsen 204
Sagan 19
Saloniki 138
Salzburg 153
Saßnitz 203
Schlesien 17 ff, 20, 174, 215
Schneekoppe (Berg) 18
Schönberg 16
Schosdorf 240
Schwarzwasser 19
Schweden 203, 215
Schwerta 20
Schwichteler 205
Sibirien 24

Smolensk 198
Sorau 134, 151
Spremberg 57, 60
Sprottau 203
Stalingrad 138
Steinberg (Berg) 18, 55
Steinhuder Meer 189
Straßburg 168
Sudetenland 139, 166
Tafelfichte (Berg) 122f
Tharandt 204
Theben 64
Themse 110, 112, 115, 119
Timor-See 49, 72
Trelleborg 203
Trondheim 204
Tschirne 19ff
Vechta 205
Verden 19
Vestrup 205
Vestnes 210, 212f, 215
Vilvoorde 205
Völpke 21
Voltlage 205
Warnemünde 203
Weeze 205
Weiden 156
Weimar 203
Weißwasser 19
Westerkappeln 205
Westnäs 203
Wien 94, 138
Wiesa 70, 198
Windsor 118f
Wittingen 19
Zittau 204
Zuidersee 19

C) WERKE ARNO SCHMIDTS

Abhandlung über die Gesetzmäßigkeit der Teilbarkeit im dekadischen System 153
Aus dem Leben eines Fauns 152, 240f
Das Bergwerk zu Falun 37
Brand's Haide 50, 182, 242
Dichtergespräche im Elysium 124, 240
Enthymesis 49
Fouqué und einige seiner Zeitgenossen 13, 16, 50
Die Fremden 240
Gadir 45, 239
Gadir (Gedicht) 45
Der Garten des Herrn von Rosenroth 240
Das Haus in der Holetschkagasse 240
Die Insel 240
Der junge Herr Siebold 240
Leviathan 13, 37, 46, 50, 152, 239
Logarithmentafel 140, 149f, 168
Mein Onkel Nikolaus 240
Nebenmond und rosa Augen 241
Pharos 240
Sataspes 56, 61, 65
Schritte in der Nachtstille 46
Schwarze Haare 45
Schwarze Spiegel 50, 134, 198, 239
Das stürmende Lied 45
Trommler beim Zaren 241
Urkundlich belegt 182, 242
Verbrüderung 49
Verworrenheit 49
Der Waldbrand oder vom Grinsen des Weisen 68
Was wird er damit machen/Nachrichten aus dem Leben eines Lords 133
Zettels Traum 47f, 151, 239

Arno Schmidt

Nachrichten aus dem Leben eines Lords
Sechs Nachtprogramme
Angria & Gondal/Was wird er damit machen?
Tom all alone's/»Der Titel aller Titel!«
Der Triton mit dem Sonnenschirm/Das Buch Jedermann
Kaleidoskopische Kollidier-Eskapaden
Band 9116

Orpheus
Fünf Erzählungen
Caliban über Setebos
Die Wasserstraße/Der Sonn' entgegen...
Kundisches Geschirr/Die Abenteuer der Sylvesternacht
Band 9120

Schwänze
Fünf Erzählungen
Kühe in Halbtrauer/Windmühlen/Großer Kain
Schwänze/‹Piporakemes!›
Band 9115

Sommermeteor
23 Kurzgeschichten
Trommler beim Zaren/Schlüsseltausch/Rollende Nacht
Der Tag der Kaktusblüte/Die Vorsichtigen
Was soll ich tun?/Seltsame Tage/Schulausflug
Zählergesang/Rivalen/Nebenmond und rosa Augen
Am Fernrohr/Geschichten von der Insel Man
Nachbarin, Tod und Solidus/Lustig ist das Zigeunerleben
Ein Leben im Voraus/Das heulende Haus/Sommermeteor
Kleiner Krieg/Die Wasserlilie / Zu ähnlich/
Schwarze Haare/Die Lange Grete
Band 9121

Fischer Taschenbuch Verlag

fi 636 / 5 b

Arno Schmidt
Die Schule der Atheisten

Novellen-Comödie in 6 Aufzügen. Faksimilewiedergabe des DIN A 3-Typoskripts im Format 24,5 x 34,0 cm.
271 Seiten.
Erstausgabe 1972 –
4. Auflage 1985

Ausgabe A: Leinenband, fadengeheftet, mit Schutzumschlag, im Schuber
Ausgabe B: Fadengeheftete engl. Broschur, kartoniert, im Schuber

Die Atheistenschule, nichts weniger als eine agnostizistische Lehranstalt, führt in eine übermutsprühende Welt ironischer Imaginationen. Das Abenteuer einer exotischen Atheistenerprobung auf einer unbewohnten Insel im Pazifik erscheint mit Komparsen des Jahres 1969 als Rückblende aus den Tagen der um 2014 allmächtigen US-Präsidentin Joan Cunnedy und ihrer Außenministerin Nicole Kennan, genannt Isis.

In der ›Schule‹ entwickelt Arno Schmidt seine fortgeschrittenste Bauform: die durchsichtige, bühnenhaft anschauliche Gliederung der Handlung in Akte (Aufzüge, Tage) und Szenen (Bilder) mit einleitenden Regiebemerkungen als Prosaeinstimmungen des folgenden Dialogs und des wunderlichen, ausgelassenen, auch weisemelancholischen Szenenspiels.

ARNO SCHMIDT
Abend mit Goldrand

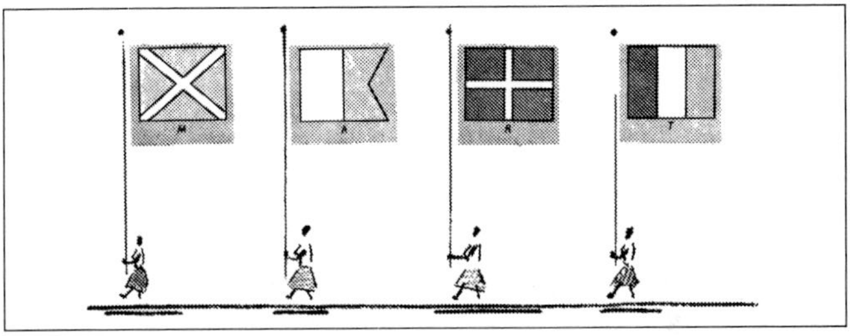

Abbildung zur Wahrsageszene auf Seite 146

Eine MärchenPosse.
55 Bilder
aus der L$^{ä}_{\mathrm{E}}$ndlichkeit für Gönner der Verschreib-Kunst.
Faksimilewiedergabe des DIN A3-Typoskripts im Originalformat (32,5 x 43,0 cm). 215 Seiten. Erstausgabe 1975 – 3. Auflage 1981

Ausgabe A: Leinenband, fadengeheftet, mit Schutzfolie, im Schuber
Ausgabe B: Kartoniert, mit Leinenfälzel, im Schuber
Engl. Ausgabe: Leinenband. Übersetzt von John E. Woods

Nach der Novellen-Comödie die Märchen-Posse, doch anstelle einer phantastischen Zukunft die auf wildere Weise phantastische Gegenwart im Heidenest Klappendorf.

Aufgefahren wird die skurrile Menage der fünf Alten des Fohrbach'schen Haushalts mit brüchigem Goldrand, zwischen ihnen die jungmuntere Ziehtochter Martina, auf dem Heuhaufen nebenan die wüste Jugendrotte auf dem Wege nach Tasmanien, mit der im Faß auf der Terrasse logierenden, okkult begabten Anführerin Ann'Ev.
Dazwischen Erinnertes aus Arno Schmidts Kindheit und Jugend und Einbringung seines Fragments aus den Tagen von Lauban und Hagenau, PHAROS oder von der Macht der Dichter.